Nathalie Schweighoffer

DIE OPFER DES INZESTS

in Zusammenarbeit mit
Patricia Gandin

Aus dem Französischen von
Cécile G. Lecaux

BASTEI-LÜBBE-TASCHENBUCH
Band 61398

Deutsche Erstveröffentlichung
© 1995 by Fixot
Originaltitel: Les enfants de l'inceste
Originalverlag: Fixot, Paris
© für die deutschsprachige Ausgabe 1997 by
Bastei-Verlag Gustav H. Lübbe GmbH & Co., Bergisch Gladbach
Printed in Great Britain, September 1997
Einbandgestaltung: Manfred Peters
Titelfoto: Mechthild Op Gen Oorth, Köln
Satz: hanseatenSatz-bremen, Bremen
Druck und Bindung: Cox & Wyman Ltd., Reading
ISBN 3-404-61398-8

Inhalt

Vorwort 7

Annie 15

Lisie 41

Éric 53

Nadège 68

Gina 79

Alexandra 98

Estelle 116

Sabine 128

Nachwort 170

Vorwort

Mit Beendigung von *Ich war zwölf*...* glaubte ich, mir endlich eine Ruhepause gönnen zu können. Dieses Buch hatte mich so viele Tränen, innere Schreie und Ängste gekostet ... Ich dachte, ich könnte dieses Kapitel hinter mir lassen. Mein zukünftiges Leben sollte auf ein leeres Blatt geschrieben werden, das wünschte ich mir von ganzem Herzen.

Nächte und Tage verstrichen, mehr oder weniger ruhig, mehr oder weniger friedlich. Ich begriff schon sehr bald, daß meine quälenden Erinnerungen mich niemals loslassen würden. Immer mehr Hilferufe erreichten mich. Ich hatte gesprochen; andere wählten mich zur alleinigen Vertrauten für ihre Leidensgeschichte. Ihnen zuzuhören bedeutete, mich erneut meinem eigenen Leid zu stellen, aber ich hatte nicht das Recht, ihnen die Tür vor der Nase zuzuschlagen. Ich hatte nicht das Recht, mich zu distanzieren, die Ohren zu verschließen.

Und so erklärte ich mich bereit, mich mit Annie zu treffen und ihr zu helfen. Und vor ihr Gina, Lisie, Éric ... Ich weinte mit ihnen, als sie mir von ihren durchlittenen Qualen erzählten. Ich versuchte, an ihrer Seite gegen den Schmerz anzukämpfen, der einen langsam umbringt. Nur selten gelang es mir, ihnen ihren

* Bastei-Lübbe, Band 61238

inneren Frieden wiederzugeben. Das Leid ist tief verwurzelt, die Wunden sind noch offen.

Ich bin mit gesenktem Kopf auf diese Schmerzgeschwüre zugestürmt, in der Hoffnung, ihre beklemmenden Ängste zu durchbrechen und sie auf eine Flucht ins Vergessen zu begleiten. Ich stellte mich ihrer Wahrheit. Aber befreien konnte ich sie nur in den seltensten Fällen.

Dennoch machte ich weiter. Jedesmal, wenn ein Inzestopfer mich um Hilfe bat, steckte ich in seiner Haut und er oder sie in meiner.

Ich mußte Stärke zeigen. Ich mußte durchhalten. Aber innerlich schrie ich. Oft geriet ich ins Wanken. Meine Kräfte ließen nach.

Ich schloß diese Leidensgefährtinnen und -gefährten in die Arme. Ich linderte so gut es ging einige Qualen. Ich sagte beruhigende Worte, von denen ich wußte, daß sie praktisch nutzlos waren im Angesicht der Abgründe, die der Inzest aufreißt.

Wenn ich nach Hause zurückging, war mir speiübel.

Hundertmal glaubte ich, daß mein eigener Wille, zu überleben und neu anzufangen, erlöschen würde.

Ich träumte davon, Anwältin zu werden. Anwältin mit einem großen A, um besser gegen das Übel vorgehen und dem Recht zum Triumph verhelfen zu können. Mir wurde schnell klar, daß die Rechtsprechung ihre – für mich völlig inakzeptablen – Schwachstellen hat. Eine Rechtsprechung, die das Prinzip »Ein Angeklagter gilt bis zum Nachweis seiner Schuld als unschuldig« zugrunde legt und die diesem Grundsatz folgend auf seiten inzestuöser Väter steht, konnte mich nicht befriedigen.

Auch habe ich erfahren, daß Anwälte jeden verteidigen müssen. Ich habe mir eine bestimmte Szene ausgemalt. Ich sitze an einem imposanten Schreibtisch und höre einem Mann um die 40 zu. Er ist aufgebracht, weil seine Tochter ihn beschuldigt, sie vergewaltigt zu haben. Dafür solle er doch wohl nicht hinter Gitter! Er will, daß ich seine Verteidigung übernehme. Die Ethik verbietet mir, über ihn zu urteilen und ihn fallen zu lassen. Ich muß ihn anhören, ihn aufbauen und ihn vor einem Schwurgericht verteidigen . . . Unmöglich!

Ende der Laufbahn als Wiedergutmacherin, die einzuschlagen ich mir nach Beendigung von »Ich war zwölf . . .« vorgenommen hatte. Ich werde weiter nach meinem Weg suchen.

Anderen zu helfen, mit den Qualen anderer konfrontiert zu werden, hat mich manchmal mein eigenes Leid vergessen lassen. Aber ich habe mich keineswegs darüber gefreut, sondern es mir viel eher vorgeworfen.

Ich hätte nie gedacht, eines Tages in der Lage zu sein, eine Waschmaschine zu bedienen. Auf diesem alltäglichen Haushaltsgerät hatte mein Vater mich jahrelang vergewaltigt. Für mich würde es immer mit einem Fluch behaftet sein. Und doch habe ich mir eine solche Waschmaschine gekauft. Anstatt sie im Bad aufzustellen – wo sie in meiner Kindheit stand –, habe ich sie in der Küche installiert, und wir sind lange problemlos miteinander ausgekommen.

Bis zu dem Abend, da die Erinnerung mich wieder eingeholt hat. An einem ganz speziellen Abend: Ich wußte, daß mein Vater am nächsten Tag seine Freilassung auf Bewährung beantragen konnte.

Angesichts seiner bevorstehenden Haftentlassung gestattete ich mir selbst nicht mehr das Recht auf Heilung. Auch nur ein einziges Detail des gräßlichen Inzests zu vergessen erschien mir wie ein Verrat an dem Kampf, den ich führen wollte. Es fällt mir immer noch schwer zu akzeptieren, daß ich meinen Kampf um so effektiver führen kann, je stärker ich werde. Als müßte ich ewig leiden, um etwas bewirken zu können.

Glücklicherweise entscheidet mein Unterbewußtsein manchmal für mich. So wie auch die Ereignisse.

Und so habe ich Mutter werden können, womit ich einigen pessimistischen Psychospezialisten widersprochen habe, die die Ansicht vertreten, daß Inzestopfer sich gemeinhin schwertun, diese Rolle zu übernehmen, zumindest ohne ihr Kind zu mißhandeln. In diesem Punkt war meine Begegnung mit Éléonore entscheidend.

Eine Freundin hatte mir von dieser Frau erzählt, deren zwei erste Kinder in die Obhut der DDASS* gegeben worden waren. Ihr Mann hatte sie geschlagen, woraufhin sie ihn verlassen hatte. Ohne Arbeit lebte sie in größter Armut.

Im Laufe meines Kreuzzuges bin ich hin und wieder dazu verleitet worden, mich jeder Art von Leid anzunehmen. Wie sollte man sein Herz dem einen öffnen und nicht dem anderen?

Ich habe mich um Éléonore gekümmert, ohne zu begreifen, daß man ihr die Kinder weggenommen hatte – der Letztgeborene, Jean, war ebenfalls gerade der DDASS übergeben worden –, weil sie Alkoholikerin im Endstadium war und gar nicht versuchte, aus ihrer Misere herauszukommen.

Auf die Bitte dieser in Not geratenen Mutter hin besuchte ich Jean in seiner Krippe. Er war ein unglaublich hübsches Baby. Bei unserer ersten Begegnung nukkelte er an seinem Daumen, entspannt und voller

---

* DDASS = Direction Départementale de L'Action Sanitaire; französisches Sozialamt.

Vertrauen in meinen Armen. Ich gewann ihn bald sehr lieb. Zwei- oder dreimal die Woche ging ich ihn besuchen. Die restliche Zeit dachte ich nur an ihn. Einer der Psychologen der Einrichtung hielt mich sogar zunächst für seine Mutter, was mich sehr aufwühlte.

Kurze Zeit später beschloß ich, Jean ein ganzes Wochenende zu mir zu nehmen. Ich hatte mich bei meinem Besuchen so eifrig gezeigt, daß ich mühelos die Erlaubnis erhielt. Welch ein Fest für mich, seine Ankunft vorzubereiten!

Als ich mich am Morgen des großen Tages in der Krippe einfand, kam es zum Drama. Éléonore hatte jeden Kontakt zwischen mir und Jean verboten. Offenbar beunruhigt von der Liebe, mit der ich Jean überschüttete, hatte sie mir einen Dolch ins Herz gestoßen. Nichts konnte sie umstimmen.

Ich war krank vor Trauer. Ich machte mir allerlei Vorwürfe. Ich hatte die Mutter zugunsten des Kindes vernachlässigt, und das war jetzt die gerechte Strafe! Ich hätte diesem Säugling gegenüber Distanz wahren müssen. Hätte ich ihn ein bißchen weniger geliebt, hätte ich ihn weiterhin sehen können.

Das Ganze war absurd! Ganz plötzlich ging mir die einzige logische, realistische Lösung auf. Ich konnte selbst Mutter werden. Ich fühlte mich als Mutter. Ich MUSSTE es werden! Bruno, mein Gefährte in guten wie in schlechten Tagen, war außer sich vor Freude.

Kévin wurde vor fast vier Jahren geboren. Er ist die Freude meines Lebens. Sicher, ich bin keine perfekte Mutter! Ich bin zu gluckenhaft. Ich zittere unablässig um ihn. Ich überschütte ihn mit Ratschlägen, die sich alle um ein und dasselbe Thema drehen: »Dein Körper gehört dir. Du darfst ihn niemandem borgen.« Jede Nachricht in den Medien stürzt mich in einen Abgrund der Angst. Ein Kind, das vergewaltigt oder mißhandelt wurde, und ich stelle mir Kévin, meinen Kévin, in den Fängen irgendwelcher Monstren vor, die sich auf widerlichste Art an ihm vergehen.

Manchmal lüge ich ihn an, damit er sich sicher fühlt: »Papa und Mama werden niemals sterben, das ist Gesetz . . .« Und Kévin weiß, daß es am Gesetz nichts zu rütteln gibt.

Natürlich ist das falsch. Aber ich tue, was ich kann.

Die Angst um die Menschen, die ich liebe, und um mich selbst läßt mich niemals los. Ich fürchte mich vor allem. Vor den Gespenstern der Vergangenheit, vor der Gegenwart, der ich mich stellen, und vor allem vor der Zukunft, die ich mir aufbauen muß.

Ich fürchte mich vor dem Tag, an dem mein Vater aus dem Gefängnis entlassen wird. In einer Woche, einem Monat, einem Jahr . . . Sein Leiden wird dann ein Ende haben, meines jedoch nicht.

Dafür, daß er mein Leben zerstört hat, daß er mich fünf Jahre lang gequält hat, ist er zu zwölf Jahren Haft verurteilt worden. Er hat fast sechs Jahre abgesessen. Aufgrund der perversen Straferlaßbestimmungen wird er bald wieder frei sein. Freier als ich. Nachdem er seine Schuld bezahlt hat, werden ihn keine Gewissensbisse mehr plagen. Er wird sein Leben wiederaufnehmen. Dieser Gedanke ist mir unerträglich. Ich hasse diese Rechtsprechung, die ihn zu einer so leichten Strafe verurteilt und mich selbst endlosem Leiden überlassen hat.

Aber vor allem hasse ich diesen Mann für das, was er mir gestern angetan hat, woran ich noch heute leide und auch morgen noch leiden werde.

Ich habe mir nichts von den Diskussionen über den Gesetzentwurf entgehen lassen, der sich auf Kindesvergewaltiger und -mörder bezieht. Das Strafmaß von 30 Jahren Sicherheitsverwahrung ohne Möglichkeit der Strafminderung hätte schon vor langer Zeit im Gesetz verankert werden sollen. Die meisten Psychiater bestätigen, daß man unmöglich sicher sein kann, daß diese Kriminellen auch nach jahrelanger intensiver Behandlung eines Tages in der Lage sein werden, ihren Platz in der Gesellschaft wieder einzunehmen. Das bedeutet, daß viel zu oft Monster auf freien Fuß gesetzt worden sind, obwohl noch Zweifel, Verdachtsmomente bezüglich ihrer endgültigen Heilung bestanden. Kinder sind durch die Schuld der Justiz unter unvorstellbaren Qualen gestorben.

Ich werde Angst haben, solange dem kein Ende gesetzt wird.

Die Veröffentlichung von *Ich war zwölf . . .* hatte mir große Hoffnung gemacht. Ich wußte natürlich, daß der Inzest nicht von der Erde verschwinden würde, aber ich erwartete eine Springflut, eine gigantische Bewußtwerdung seitens der Gesellschaft . . . Aber es ist gar nicht so leicht, die Wahrnehmung zu verändern. Man weigert sich auch weiterhin zu erkennen, daß alle Gesellschaftsschichten vom Inzest betroffen sind, die untersten ebenso wie die obersten. Dieses Verbrechen weckt so große Abscheu, daß man es vorzieht, den Blick abzuwenden. Man gesteht uns, die wir den Beweis liefern, daß es dieses abscheuliche Verbrechen tatsächlich gibt, kaum das Recht zu, darüber zu reden.

Beim Prozeß von Annies Stiefvater mußte ich wieder einmal feststellen, daß man den Schuldigen immer mildernde Umstände zugesteht. Den Bericht von diesem Prozeß möchte ich Ihnen zu Beginn dieses zweiten Buches präsentieren, in dem ich erneut den Inzest anprangere. Ich möchte nämlich eines Tages, ohne das

Gefühl zu haben, ihn anzulügen, meinem Sohn sagen können, daß man auf das Gesetz vertrauen muß, daß es uns schützt und wir es respektieren müssen.

Es ist dringend erforderlich, daß den Folterknechten der Prozeß gemacht wird anstatt den Opfern, wie es bis heute tatsächlich der Fall ist. Uns. Wenn wir den Mut aufbringen, Anzeige zu erstatten, endet unser Alptraum nicht mit Abschluß der Gerichtsverhandlung. Das Urteil fällt wie ein Theatervorhang. Mit einem schweren, dumpfen Laut. Die bissigen, inquisitorischen, verletzenden Fragen verfolgen uns noch lange. Denn wir haben die undankbarste Rolle inne, und wir bezahlen bis zum letzten Atemzug dafür. Das ist eine ungeheure Ungerechtigkeit.

Es ist unabdingbar, daß das Gesetz sich auf unsere Seite stellt, auf die Seite der Opfer des schlimmsten Verbrechens überhaupt. Denn unser Körper wird für immer die Spuren des Mißbrauchs tragen, trotz aller Psychotherapien und Antidepressiva. Die Berichte, die Sie im folgenden lesen werden, zeugen davon.

Wenn es notwendig ist, traurige Wahrheiten endlos zu wiederholen, werde ich dies tun, soviel steht fest. Diesem Zweck soll auch dieses zweite Buch dienen. Es hat mich ebenso große Qualen gekostet wie das erste, weil es nicht leichter ist, sich dem Leid anderer zu stellen als dem eigenen.

Ich werde nicht ruhen, solange es noch kleine Mädchen, unschuldige Kinder vor diesem abscheulichen Verbrechen zu retten gibt.

Mögen die authentischen Berichte von Kindheiten, die von Vätern, Großvätern oder Onkeln zerstört wurden, dazu beitragen, den Kampf gegen das Undenkbare, das Unaussprechliche, Unerträgliche – den Inzest – voranzutreiben.

Annie

Ein regnerischer Januarmorgen. Vor den hohen schmiedeeisernen Toren des Gerichts von Grenoble schnürt es
mir die Kehle zu, daß ich kaum noch Luft bekomme,
und mein Herz schlägt so wild, als würde es gleich zer-
springen.

Wenn es einen Ort gibt, den ich glaubte, niemals
wiederzusehen, dann diesen. Seit am 4. Oktober 1989
der Prozeß meines Vaters dort geführt wurde, verfolgt
mich dieser Ort in meinen Träumen.

Heute befinde ich mich wieder nur wenige Schritte
von dem eisigen Saal mit der dunklen Täfelung entfernt, in dem ich vor drei Jahren so grauenhafte Stunden durchlebt habe. Gleich werde ich ihn zusammen
mit Annie erneut betreten, weil ich es ihr versprochen
habe.

Annie ist so etwas wie mein Double, unausweich-
lich und schmerzlich. Als sie mich anrief, wußte ich
gleich, daß ich ihr helfen würde. Aber die Erinnerungen, die sie wiederaufleben ließ, rissen einen bodenlo-
sen Abgrund der Angst vor mir auf.

Wie ich lebte Annie in Saint-Laurent-du-Pont, diesem kleinen Bergdorf, in dem sich Tratsch und Gerüchte
rasch verbreiten, von Haus zu Haus, zur Unterhaltung
der gelangweilten Bewohner.

Annie ist 23 Jahre alt und Krankenpflegehelferin. Es
kostete sie großen Mut, vor einigen Monaten die Gen-

darmerie von Saint-Laurent-du-Pont aufzusuchen und ihren Stiefvater, den zweiten Ehemann ihrer Mutter, wegen sexueller Nötigung im elterlichen Haus anzuzeigen.

Natürlich gab es auf dem Revier keine Beamtin, die die Anzeige hätte aufnehmen können. Annie war fest entschlossen, aber das Erlebte Männern vorzutragen, die auf solche Fälle wenig vorbereitet waren, erschwerte ihr diesen Schritt noch zusätzlich. Unbehagen auch bei den braven Beamten. Wie sollten sie in der Anzeige Einzelheiten festhalten, die zur Verhaftung eines Mannes führen konnten, der in der ganzen Gegend als ehrenhafte Persönlichkeit galt?

Aber Annie ließ sich nicht beirren.

Polizeiliche Ermittlungen wurden eingeleitet. Die Neuigkeit verbreitete sich wie ein Lauffeuer im ganzen Dorf. Und Annie war es, die verurteilt wurde. Sie wurde von ihrem Dorf für schuldig befunden. Wie konnte sie es wagen, den Ruf eines angesehenen Bürgers in den Schmutz zu ziehen? Wie konnte sie ihrer Mutter diese Schande, dieses Leid antun? Ah! Es wäre allen nur recht gewesen, wenn Lügen und Schweigen diese abscheuliche Tat weiter verhüllt hätten. Schlimmer noch. Annies Mutter wandte sich von dem jungen Mädchen ab und brach jeden Kontakt ab.

Und das ist der Grund, weshalb ich heute Annie in ihre letzte Schlacht begleite. Ich hatte in meinem Unglück noch das Glück, daß mir eine wunderbare Mutter zur Seite stand, und ich habe nicht das Recht, dies zu vergessen.

Eigentlich habe ich Annie erst gestern abend persönlich kennengelernt, in dem Apartment, das sie seit einigen Monaten mit ihrem Freund bewohnt. Bis dahin

16

hatten wir nur häufig telefoniert, Gespräche, die mich jedesmal tief aufwühlten. Es war ein herber Schock für mich, als ich ihr schließlich gegenüberstand. Ihr angespanntes, von Streß gezeichnetes Gesicht war wie ein Spiegel für mich. So hatte ich selbst einige Jahre zuvor ausgesehen!

Ich sprach mit ihr über den Prozeß, der am nächsten Tag stattfinden würde. Hörte sie mir zu? Sie hätte am liebsten geweint und getobt. In wenigen Stunden würde sie den Mann wiedersehen, der ihr Leben zerstört hatte.

Und am schlimmsten war vielleicht, daß ihre eigene Mutter sich von ihr abgewandt hatte.

Bevor ich sie verließ, bat ich meine neue Freundin um etwas. Zweifellos eine egoistische Bitte, denn ich erwartete von ihr, meine eigene Rache zu vollziehen.

»Du wirst im Zeugenstand nur wenige Minuten zu Wort kommen, Annie. Ich möchte, daß du sprichst, daß du den Mut hast zu beschreiben, was dir widerfahren ist. Ich konnte es nicht. Ich habe nur geweint und keinen Ton herausgebracht. Natürlich haben meine Tränen und mein Schweigen für sich gesprochen. Trotzdem: Ich habe meine Chance vertan, herauszuschreien, daß ich Höllenqualen gelitten und mir Abscheuliches angetan wurde. Mein Anwalt hat das für mich getan. Aber es waren nicht meine Worte, nicht mein Schmerz oder meine Schreie. Die sind immer noch in meinem Inneren gefangen und zerreißen mich. Ich hatte Angst vor meinem Vater. Ständig diese gräßliche Angst, die mich stumm machte. Mach es nicht wie ich, Annie. Rede! Bleib ruhig und beschreibe deinen Leidensweg so präzise und detailliert wie möglich. Die Menschen glauben immer noch nicht, daß es so etwas gibt, weißt du! Sie müssen es erfahren. Sag ihnen alles. Das ist unabdingbar, wenn deine Wunden heilen sollen. Ich mache mir fast täglich Vorwürfe, daß ich so feige war. Morgen wirst du dort stehen, wo ich vor drei Jahren gestanden habe. Sei stark!«

Auch ich muß stark sein. Dieser Prozeß, das ist *mein* Prozeß, der sich wiederholt. Zumal Annie mir einige Sekunden vor Beginn der Verhandlung etwas mitteilt, das mir das Blut in den Adern gefrieren läßt: Rechtsanwalt Dreyfus wird ihren Stiefvater verteidigen. Dreyfus! Ausgerechnet der Anwalt, der auch meinen Vater verteidigt hatte. Sein brillantes Plädoyer brachte seinem damaligen Klienten mildernde Umstände eingebracht. Und dabei hat er das Mandat erst spät übernommen, da ein Anwaltskollege, der vermutlich weniger abgebrüht war als er selbst, diesen schmutzigen Fall Schweighoffer abgelehnt hatte.

Dreyfus hatte nicht mit der Wimper gezuckt. Ein Fall ist ein Fall! Er brachte sein ganzes Können – und das ist nicht unerheblich – in die Verteidigung seines Mandanten ein. Die Geschworenen waren fasziniert. Er wirkte so einnehmend. Er war so ruhig und überzeugend. Ohne Skrupel stellte er meine Anschuldigungen in Frage. Er vertauschte die Rollen.

Mein Vater sei das Opfer! Dreyfus wußte sehr wohl, daß er schuldig war. Aber das kümmerte ihn nicht. Dieser Rechtsprofi leistete ganze Arbeit, damit die Strafe seines Mandanten möglichst milde ausfiel.

Er wird mir wieder gegenüberstehen. Unbewegt. Im gleichen Lager wie vor vier Jahren: dem der Ungeheuer.

Nur mein Vater wird fehlen. Aber ich weiß, daß auch er sehr präsent sein wird. Er wird überall sein, in meinem Kopf, in meinen Eingeweiden.

Es wird alles von vorn anfangen: Ich werde die dunklen Jahre niemals abschütteln können.

Das ist der Preis dafür, daß ich der verabscheuungswürdigsten Bestie den Krieg erklärt habe: dem Inzest.

9 Uhr 30: Im Gerichtssaal

Der Vorsitzende, zwei Beisitzer – Frauen –, der Staatsanwalt und ein Gerichtsschreiber nehmen mit raschelnden Roben Platz. Dann treten die Geschworenen ein: fünf Männer, vier Frauen und eine Ersatzgeschworene. Nichtssagende Gesichter, ein Bärtiger, eine Frau mit sehr blonden Haaren, eine zweite mit Puppengesicht . . . Heute haben sie ihre Familie, ihre Arbeit, ihre kleinen oder großen Sorgen zurückgestellt, um Recht zu sprechen. Wer sind sie? Was werden sie von dem begreifen, was sich in diesem Saal abspielen wird? Sie leisten ihren Eid. Was denken sie, während sie die vorgefaßten Sätze nachsprechen?

Annie, in Jeans und blauem Pullover, hält sich sehr gerade zwischen ihrem Vater und ihrem Verlobten Renaud. Auf derselben Bank sitzen außerdem zwei ihrer Freundinnen und der Neffe des Angeklagten, die alle für sie aussagen werden.

Gegenüber, die Verteidigung. Annies Mutter ist auch dort. Ein Eisblock. Sie ist gekommen, ihre Tochter zu beschuldigen, und würdigt uns keines Blickes. Vier Personen sitzen bei ihr. Selbstverständlich Rechtsanwalt Dreyfus. Er wird Alain Mozère verteidigen, einen untersetzten dunkelhaarigen Mann, schmächtig, zusammengesunken. Den Blick gesenkt und die Hände gefaltet, scheint er seinen Lebenslauf, der vom Vorsitzenden vorgetragen wird, gar nicht zu hören:

»Ihr Vater war Metallarbeiter in einer Farbenfabrik. Er ist 1988 durch Krankheit verstorben. Ihre Mutter, 68 Jahre, ist pensionierte Arbeiterin. Sie hat ihr ganzes Leben Schuhe angefertigt. Sie sind der jüngste von drei Geschwistern. Sie wurden als Nesthäkchen von allen verwöhnt. War Ihnen das bewußt?«

Ja, das sei ihm bewußt gewesen. Nein, er habe keine speziellen Probleme gehabt. Die häusliche Atmosphäre? Schlicht, bescheiden und gut. Schwierigkeiten hatte er nur in der Schule. Schwierigkeiten zu lernen, dem Unterricht zu folgen, sich zu konzentrieren. Also nahm er mit einem einfachen Abschluß als Allgemeinmechaniker in der Tasche eine Arbeit in einer Werkstatt und später in der Wäscherei des Krankenhauses von Saint-Laurent-du-Pont an.

Dort lernte er auch 1976 Martine Lucas kennen, Annies Mutter. Er war 24 und hatte vor ihr erst eine Beziehung gehabt.

1979 heirateten sie. Annie war fast acht. Im Jahr darauf wurde ein kleiner Bruder geboren. Kurze Zeit später beschloß Martine, nachts zu arbeiten. Mozère fiel es sehr schwer, dies zu akzeptieren. Es kam zu Spannungen.

»Wie war Ihr Verhältnis zu Annie?« fragt der Vorsitzende.

»Anfangs wollte ich ihr gegenüber die Vaterrolle übernehmen«, antwortet Mozère mit zögernder, schüchterner Stimme. »Aber als ich sie eines Tages wegen einer Dummheit bestrafen wollte, hat meine Frau es mir verboten. Sie warf mir vor, ich wolle mich mit Annies Vater identifizieren. Sie sagte, da Annie ihren Vater regelmäßig sehe, würde sie meine Autorität nicht brauchen. Also begann ich, mich ihr gegenüber eher

20

wie ein Kumpel zu fühlen, wie ein Komplize, da ihre Mutter sehr streng zu ihr war, und ich nahm sie ein wenig in Schutz. Als sie dann älter wurde, begann ich, mich ihr anzuvertrauen. Annie war da und hörte mir zu. Nach und nach nahm sie in meinem Herzen den Platz ihrer Mutter ein.«

Der kleine Mann bricht zusammen, weint, gesteht, den Fehler seines Lebens begangen zu haben. Er bittet Annie um Vergebung, schwört, daß er alles bereut und sie liebt. Wie um ihn auf den rechten Weg zurückzuführen, bemerkt der Vorsitzende:

»Ihre Frau besucht sie regelmäßig mit Ihrem Sohn im Gefängnis . . .«

Dann läßt er sich weiter über die Persönlichkeit des Angeklagten aus. Man erfährt, daß Mozère gern skiläuft, schwimmt und alte Autos instand setzt. Gemeinsam mit Freunden hat er einen Verein gegründet und organisiert Ausflüge. Er ist naturverbunden und eher sanftmütig. Er hätte gern Drachenfliegen gelernt, ist jedoch zu ängstlich.

»Haben Sie das Gefühl, im Berufsleben versagt zu haben?« fragt Rechtsanwalt Dreyfus.

»Ja. Ich wäre gern ›jemand‹ geworden: Arzt oder Anwalt. Ich bin nur ein kleiner Arbeiter ohne Ehrgeiz, ein Versager«, endet Mozère, immer noch weinend.

»Haben Sie Angst vor dem Alter, vor dem Tod?« fragt Dreyfus weiter.

Selbstverständlich besitzt Mozère all diese Schwächen! Geschickter Dreyfus, der über das Porträt des Ungeheuers das des armen Kerls schiebt, der eher feige ist als bösartig!

»Ich denke oft an meinen kranken Vater«, murmelt Mozère. »Ich werde das Gefühl nicht los, daß auch mein Leben mit 40 enden wird. Ja, ich habe große Angst vor dem Tod. Wenn ich mich Annie gegenüber falsch verhalten habe, dann weil ich das Bedürfnis hatte, mich an ihrer Jugend festzuklammern.«

Welche Dreistigkeit!

»Was haben Sie empfunden, als sie ins Gefängnis gebracht wurden?« fragt Dreyfus.

»Alles stürzte in sich zusammen. Mein Leben blieb stehen. Alles verschloß sich hinter mir. Ich habe mit einer Therapie angefangen, die mir hilft, mir dessen bewußt zu werden, was ich getan habe. Es stimmt, ich habe mir eine schlimme Entgleisung geleistet. Ich weiß nicht, warum . . . Ich weiß nicht, was in mich gefahren ist . . . Verzeih mir, Annie, verzeih mir . . .«

Mozère weint immer heftiger, den Blick auf die junge Frau gerichtet, die immer noch sehr gerade auf ihrer Bank sitzt und immer blasser wird.

Lastende Stille.

Die klare Stimme des Staatsanwaltes erhebt sich. Er liest ein Persönlichkeitsgutachten vor, das kraß dem Porträt widerspricht, das Dreyfus für uns gezeichnet hat. Mozère wird als Mann beschrieben, der beruflich und familiär das erreicht hat, was er sich vorgenommen hatte.

»Er hat Annies Jugend ausgenutzt, um seine Lust zu befriedigen«, konstatiert der Staatsanwalt schneidend. »Ein Verhalten, das durch den familiären Kontext gefördert wurde . . .«

Dann werden die Zeugen der Verteidigung aufgerufen.

Michèle Raveau, 50 Jahre, Sekretärin. Die Eheleute Mozère seien Freunde von ihr. Gute Freunde, »immer korrekt«, versichert sie. Dieser guten Frau mit vertrauenerweckender Leibesfülle sei Annie immer sehr lieb,

»sehr brav« erschienen, keinesfalls aufreizend. Sie scheine sich gut mit ihrem Stiefvater verstanden zu haben.

Thérèse Damien, 37 Jahre, ebenfalls Sekretärin. Ihr Mann sei ein Jugendfreund von Mozère. Ihrer Meinung nach habe es in der Familie Mozère keine Probleme gegeben.

»Alain ist ausgesprochen hilfsbereit«, erklärt sie, sehr deutlich artikulierend. »Er schien sich gut mit seiner Frau zu verstehen, und Annie machte einen glücklichen Eindruck. Wir unternahmen einiges zusammen, Restaurantbesuche oder Ausflüge mit dem Oldtimer-Club. Es lief alles bestens. Annie begleitete ihre Mutter und ihren Stiefvater. Sie war fröhlich, unbeschwert. Als ich hörte, daß sie Alain gewisser Übergriffe beschuldigte, habe ich versucht, mit ihr zu reden. Aber sie zog zu ihrem Vater, und ich habe sie nicht mehr gesehen.«

Dann ist ihr Mann, ein 40 Jahre alter LKW-Fahrer, an der Reihe, nachdem er geschworen hat, »die Wahrheit zu sagen, die ganze Wahrheit und nichts als die Wahrheit . . .«

»Ich glaube einfach nicht, daß Alain schuldig ist! Er ist ein anständiger Kerl. Sehr hilfsbereit. Er kann keiner Fliege etwas zuleide tun. Wenn es eine sexuelle Beziehung zwischen ihm und Annie gegeben hat, dann mit gegenseitigem Einverständnis. Annie ist ein liebes Mädchen, aber nun ja, mit 16 wurde sie aufreizend. Sie begann, mit den Männern zu flirten. Ich habe sogar zu Alain gesagt, daß ich an seiner Stelle ein solches Benehmen nicht tolerieren würde! Aber er ist zu schwach, zu lieb. Er kommt leicht ins Schleudern.«

Frage von Maître Crifo, der Anwältin von Annie:

»Welcher Art war die Beziehung zwischen Annie und Mozère?«

»Sehr freundschaftlich«, antwortet der Lastwagenfahrer. »Wenn wir zum Aperitif bei ihnen waren, setzte sich Annie auf die Armlehne von Alains Sessel. Sie schien ihn sehr gern zu haben.«

»Gegenseitiges Einvernehmen zwischen einem Kind und seinem Stiefvater . . . was bedeutet das für sie?« hakt Maître Crifo nach.

»Annie hatte ihren Stiefvater sehr gern. Es war eine glückliche Familie. Das einzige Problem war die Nachtarbeit der Mutter.«

Der Staatsanwalt meldet sich zu Wort.

»Als sie von den Vorwürfen erfahren haben . . . wie haben Sie reagiert?«

»Ich habe kein Wort davon geglaubt. Ich habe mit Alain gesprochen. Er hat es abgestritten.«

Staatsanwalt:

»Wie würden Sie den Begriff Vergewaltigung definieren?«

»Ein erzwungener, gewaltsamer Sexualakt.«

Staatsanwalt:

»Hätte Annie sich mit 15 Jahren einem Mann von 35 Jahren widersetzen können?«

»Sie war reif für ihr Alter. Sehr reif. Sie hätte sich widersetzen können. Heutzutage sind die Mädchen mit 15-17 Jahren Anmacherinnen. Es ist für einen Mann nicht immer leicht, ihnen zu widerstehen. Annie hat Alain angemacht, soviel steht fest. Ich verstehe nicht, warum sie ihn angezeigt hat.«

Alain Mozère erhebt sich und sagt mit festerer Stimme:

»Er kann nicht wissen, was zwischen Annie und mir gewesen ist. Ich habe es immer verheimlicht. Ich kann

24

mein Problem nicht erklären. Ich weiß nicht, wie es dazu kommen konnte, daß ich mit Annie geschlafen habe. Ich bekenne mich dazu; ich habe Annie vergewaltigt. Aber ich habe keine Gewalt angewendet. Ich wollte sie in die körperliche Liebe einführen. Unsere Beziehung ist aus den Fugen geraten. Mit ihr fand ich das Glück wieder, die Jugend, das Leben.«

Er bricht wieder in Tränen aus.

»Verzeih mir, Annie.«

Eine Cousine von Mozère, 47 Jahre, tritt in den Zeugenstand, sehr feierlich.

»Hier wird zwei Menschen der Prozeß gemacht, die sich in gegenseitigem Einvernehmen geliebt haben. Es ist die Geschichte einer Zuneigung, die sich in Liebe gewandelt hat. Alain ist gar nicht in der Lage, etwas anderes zu geben als Liebe. Er ist großzügig, sanft und unfähig zur Gewalt. Meine Mutter und Alains Mutter sind Schwestern. Ich habe meinen Vetter gebeten, Patenonkel meiner ältesten Tochter zu werden, weil ich grenzenloses Vertrauen in ihn habe. Er hat sich Annie gegenüber immer väterlich korrekt verhalten. 1983 haben wir gemeinsam Annies erste Kommunion gefeiert. Die Beziehung zwischen Annie und Alain war freundschaftlich. Aber in der Pubertät fühlte Annie sich dann vom anderen Geschlecht angezogen und hat sich ihrem Stiefvater angenähert. Sie lebten unter einem Dach. Aus Zuneigung wurde Liebe. Die jungen Leute heute sind sehr frühreif. Ich habe selbst zwei Töchter, ich weiß also, wovon ich rede.«

Langsamen Schrittes kehrt die Cousine an ihren Platz zurück. Der Psychiater, der seit 1992 mit dem Fall betraut ist, nimmt ihren Platz im Zeugenstand ein.

»Mozère war sich über seine Situation Annie gegenüber nicht im klaren«, erklärt er. »Für ihn ist bei seiner Verhaftung eine Welt zusammengebrochen. Er verstand das alles nicht, weil für ihn die Liebe an sich verurteilt wurde. Er weist keinerlei Perversion auf, keine psychotische oder sexuelle Störung. Er glaubt, eine Liebesgeschichte gelebt zu haben. Er betrachtete sich als derselben Generation wie Annie zugehörig.«

Mozère steht erneut auf.

»Annie fürchtete sich vor der Liebe. Sie wußte nicht, wie sie es angehen sollte. Ich habe ihr angeboten, der erste zu sein, sie die Liebe zu lehren. Ich wollte ihr klüger erscheinen als die Jungen ihres Alters. Ich habe sie hereingelegt.«

Der Staatsanwalt:

»Mozère besitzt einen normalen Intellekt. Ist ihm bewußt, daß er eine strafbare Handlung begangen hat?«

Der Psychiater:

»Er hat die psychische Gewalt, die eine Vergewaltigung beinhaltet, nicht berücksichtigt.«

Ein Psychologe ergreift das Wort:

»Mozère hat nie damit gerechnet, inhaftiert zu werden. Er ist bei den Vergewaltigern untergebracht, was ihm sehr zu schaffen macht. Außerdem hat er eine Klaustrophobie. Er leidet sehr. Es ist ihm unerträglich, sich seinem Sohn in dieser Situation zu zeigen. Sein älterer Bruder hat den Kontakt zu ihm abgebrochen. Er wirft ihm ebenso sein Verhalten vor wie auch, daß er früher von ihrer Mutter bevorzugt wurde. Mozère sieht sich selbst seit seiner Kindheit als Opfer und gefällt sich in dieser Rolle. Er legt gegenüber Annie keinerlei Feindseligkeit an den Tag, minimiert aber gleichzeitig seine eigene Schuld. Wieder einmal hält er sich selbst für das Opfer. Seine intellektuelle Neugier ist inexistent und seine kulturelle Armut offensichtlich. Er ist unreif. Er ist in gewisser Weise ein Stiefkind, das sich weder als Aggressor noch als Vergewaltiger sieht. Er kann die Tragweite seines Handelns nicht ermessen, auch wenn er seine Taten anerkennt.«

Der Vorsitzende:

»Ist Ihnen bewußt, Alain Mozère, daß sie ihre Stellung als Stiefvater mißbraucht haben?«

»Annie und ich haben uns so nahe gestanden. Ich war mehr ihr Kumpel als ihr Stiefvater.«

»Aber Annie hat in Ihnen den Mann ihrer Mutter gesehen. Es gab einen Generationsunterschied.«

»Ja, diesen Unterschied hätte ich respektieren müssen.«

»Wie oft hatten Sie Geschlechtsverkehr?«

»Vier- oder fünfmal.«

»Hat es vor dem Verkehr Annäherungen gegeben, Streicheln, Masturbationen mit Ejakulation?«

»Ja. Annie hat nach und nach den Platz meiner Frau eingenommen. Es war ein progressiver Vorgang.«

Martine Lucas, Ehefrau von Mozère, wird in den Zeugenstand gerufen. Sie ist klein und hat kurze, ergrauende Haare. Ruhig tritt sie vor, das Gesicht völlig ausdruckslos, bar jeder Emotion.

»Bis zum Sommer 1989 war alles bestens«, berichtet sie mit monotoner Stimme. »Eines Abends war Annie zur Essenszeit nicht zu Hause. Ich habe bei ihrem Vater angerufen, weil sie ihn oft besucht hat. Sie sind zusammen gekommen und haben mir alles erzählt. Ich konnte es nicht glauben. Mir war weder an meiner Tochter noch an meinem Mann etwas Ungewöhnliches aufgefallen. Heute gilt meine einzige Sorge meinem Sohn Loïc. Er ist zart, sehr sensibel. Er vermißt seinen Vater. Seine schulischen Leistungen haben nachgelassen. Annie kommt uns nicht mehr besuchen und ruft auch nicht mehr an. Dabei habe ich sie nicht zurückgestoßen. Sie war es, die jeglichen Kontakt abgebrochen hat. Meine Tür steht ihr offen. Ich warte, daß sie zu mir kommt. Meine Situation ist sehr schwierig. Ich lebe nur noch für den Tag, gehe die Probleme eins nach dem anderen an. Vielleicht ist das alles ja meine Schuld . . . ich weiß es nicht. Vielleicht bin ich nicht wie andere Frauen. Ich habe nur einen schwach ausgeprägten sexuellen Appetit: Mir genügt es, einmal im Monat Geschlechtsverkehr zu haben. Und doch lief alles gut. Wir haben vieles gemeinsam unternommen. Annie gab ihre Meinung zur Garderobe meines Mannes ab. Für mich war es eine kalte Dusche . . .«

Mozère wendet den Kopf ab. Er sieht sie nicht mehr an und bricht wieder in Tränen aus.

Der Vorsitzende:

»Madame Mozère, warum wollten sie nicht, daß Ihr Mann gegenüber Annie väterliche Autorität ausübt?«

»Ich war ihre Mutter, und ihr Vater war ständig für sie erreichbar.«

»Erzählen Sie uns von Ihren Arbeitszeiten.«

»Ich arbeite seit 40 Jahren von 20 Uhr bis 6 Uhr früh. Ich habe um den Nachtdienst gebeten, um meiner Tochter näher zu sein, um da zu sein, wenn sie morgens aufwacht, und ihr abends bei den Hausaufgaben zu helfen. Das ist wichtig für eine Mutter. Aber vielleicht war es auch ein Fehler meinerseits.«

»Wie stellen Sie sich die Zukunft vor?«

»Ich denke nicht an Scheidung. Es sei denn, mein

Mann bittet darum. Ich weiß nicht, wie das Morgen aussehen wird. Ich habe keine Zukunft. Für mich ist 1989 die Zeit stehengeblieben. Damals ist alles in sich zusammengefallen. Ich denke nur an Loïc. Für mich stehen die Kinder an erster Stelle. Annie braucht mich nicht so sehr wie ihr Bruder. Sie hat ihren Vater, der sie unterstützt. Ich habe sie mir gewünscht, ich habe sie erschaffen. Ich meine . . . ich habe sie zur Welt gebracht. Offenbar konnte ich sie nicht so annehmen, wie sie ist. Ich kann ihr keinen Vorwurf machen. Das letzte Mal habe ich sie an ihrem 21. Geburtstag gesehen. Ich wollte ihr einen Ring schenken. Wir haben uns in einem Café getroffen; Loïc war auch dabei. Wir haben etwas getrunken, und ich habe ihr den Ring gegeben. Es ist doch normal, daß man seiner Tochter zum 21. Geburtstag etwas schenkt.«

Maître Crifo:

»Haben Sie den Eindruck, daß Annie ein Trauma erlitten hat?«

»Ich habe nichts davon bemerkt. Dabei müßte es traumatisierend gewesen sein. Aber sie hat sich nichts anmerken lassen. Ich habe keinerlei Veränderung an ihrem Verhalten feststellen können. Aber selbstverständlich hat sie ein Anrecht darauf, die Wahrheit bekannt zu machen. Wenn ihr daran liegt, muß es wohl traumatisch für sie gewesen sein . . . vielleicht kenne ich sie nicht gut genug. Es stimmt, daß sie mich 1989 gebeten hat, ihr ein Buch zu bestellen: *Les enfants de la violence**.«

Der Vorsitzende an Alain Mozère:

»Was war nach Annies Auszug?«

»Es war sehr schwer. Ich hatte Angst, ins Gefängnis

---

* Claude Couderc, éditions Fixot, 1988 – »Kinder der Gewalt«

zu kommen. Ich betete viel, um mich zu erleichtern. Ich hatte große Angst.«

»Sie hatten Angst um sich selbst. Haben Sie denn gar keinen Gedanken daran verschwendet, was Annie empfinden mochte?«

Mozère schluchzend:

»Meine Frau hat mir die Augen geöffnet. Sie hat mir bewußt gemacht, was ich Annie angetan habe. Ich habe das Leben aller zerstört: Annies, das meiner Frau und meines Sohnes. Wenn meine Frau und Annie wieder zueinanderfinden könnten . . . Ich liebe Annie nach wie vor, Herr Vorsitzender. Ich liebe sie, ich liebe sie immer noch! Ich bereue, was ich getan habe. Ich bereue . . .«

Sein Weinen steckt einige im Saal an: Annies Mutter und Mozères Freund, den LKW-Fahrer.

Annie hat, der Ohnmacht nahe, den Saal während der Aussage ihrer Mutter verlassen. Sie hat die letzten Worte ihres Stiefvaters nicht gehört.

Lagerwechsel. Die Zeugen der Anklage werden gehört.

Sylvie, 25 Jahre, Krankenhausangestellte, Freundin von Annie. Lakonisch:

»Ich bin eine Arbeitskollegin von Annie. Sie hat mir von ihren Problemen mit ihrem Stiefvater erzählt, als ein Buch über Inzest erschien: *Ich war zwölf* . . . Sie sagte, ihr sei das gleiche passiert, ihr Stiefvater habe mit ihr geschlafen. Ich bin nicht sonderlich neugierig. Ich habe keine Fragen gestellt. Aber auf ihre Bitte hin habe ich sie zur Beratungsstelle für Vergewaltigungsopfer begleitet. Annie hatte auf mich keinen sehr aufgewühlten Eindruck gemacht.«

Renaud, 22 Jahre, Elektriker, Verlobter von Annie:

»Ich habe Annie auf einem Fest kennengelernt. Wir sind miteinander ausgegangen. Sie benahm sich merkwürdig, wenn es um Intimitäten ging, war richtig gehemmt. Ich bemühte mich, ihre Persönlichkeit besser kennenzulernen, und mir wurde klar, daß sie etwas verbarg. Ich brachte sie dazu, sich mir anzuvertrauen. Als sie mir den Inzest gestand, den sie erlebt hatte, riet ich ihr, einen Psychologen aufzusuchen und über ihre Erlebnisse zu sprechen. So wie die Dinge standen, konnte zwischen uns keine wahre Beziehung entstehen.«

Der Vorsitzende:

»Hat sie Ihnen gesagt, daß ihre Mutter sie daran hindern wollte zu erzählen, was ihr widerfahren ist?«

»Ja, sie wollten sie mit Geschenken zum Schweigen bringen: Schmuck, Urlaub in Nizza.«

Alain Mozère fällt ihm ins Wort:

»Nein! Ich habe nicht von Annie verlangt zu schweigen. Sie wollte in Urlaub fahren. Da wir eine Wohnung in Hyères besitzen, ist sie dorthin gefahren. Das war kein Geschenk, um ihr Stillschweigen zu erkaufen! Und auch der Ring war nur ein Geburtstagsgeschenk.«

Samuel, 24 Jahre, Tischler, Ex-Freund von Annie:

»Ich war 1990 drei Monate mit Annie zusammen. Sie war auf sexueller Ebene gehemmt. Sie hat mir ihre Probleme anvertraut. Ich hatte vorher schon Gerüchte über sie und ihren Stiefvater gehört, aber nicht geglaubt daß sie den Tatsachen entsprechen. Annie war nicht leicht zu haben.«

Mittag. Verhandlungspause. Es gilt, die angeschlagene Annie aufzubauen. Ich habe selbst das Gefühl, einen Alptraum zu durchleben.

Beim Mittagessen, das wir hastig herunterschlingen, ehe die Verhandlung fortgesetzt wird, lerne ich Annies

Vater etwas besser kennen. Bei seiner Ankunft im Gerichtssaal war er mir sehr distanziert gegenüber seiner Tochter und dem Prozeß vorgekommen. Als Annie hinausging, hatte er kaum reagiert und ihr lediglich einige Sekunden nachgeblickt. Die Zeugenaussagen, die ihn hätten aus der Haut fahren lassen müssen, hatten ihn nur zu vereinzeltem bedächtigem Nicken bewegt. Wie konnte er seine Gefühle nur derart im Zaum halten?

Erst als seine Ex-Frau im Zeugenstand war, schien ihn das ein wenig aus der Reserve zu locken, als fühle er sich etwas betroffener von dem Geschehen. Tatsächlich denke ich, daß es ihm bis zum Prozeß schwergefallen ist, sich den Tatsachen zu stellen. Und ich denke, daß er es hier im Gericht manchmal vorgezogen hätte, nichts zu hören.

»Ich hätte früher Anzeige erstatten sollen, an Annies Stelle«, gesteht er mir. »Das war mein erster Gedanke, nachdem sie mir alles erzählt hatte. Aber schon bald gingen mir die verschiedensten Fragen durch den Kopf. Würde meine Tochter mir das seelische Leid durch Ermittlungen und den Prozeß nicht hinterher übel nehmen? Ich konnte mich nicht entschließen. Heute mache ich mir Vorwürfe. Heute weiß ich, daß das das einzig Richtige gewesen wäre. Annie muß gerächt und dieser Mistkerl bestraft werden. Aber für einen Vater ist es so schwer, sich vorzustellen, was passiert ist. Ich hätte das Problem am liebsten heruntergespielt. Heute kann ich die Augen nicht mehr vor der Wahrheit verschließen. Ich hätte meiner Tochter eine größere Stütze sein müssen. Ich hätte sie aus diesem Umfeld herausholen, sie zu mir holen müssen.«

Annie wirft sich ihrem Vater in die Arme. Das Sprechen fällt ihr schwer.

»Du gibst mir Kraft für das, was gleich noch kommt, Papa«, sagt sie nur.

Es ist Zeit, in den Gerichtssaal zurückzukehren. Diesmal muß Annie vor das Gericht treten. Mit den Blicken versuche ich, ihr möglichst viel Mut zu machen. Und dabei ist mir selbst bang ums Herz.

»Als meine Mutter Alain heiratete, sah ich in diesem Mann einen Vater«, beginnt Annie mit klarer Stimme. »Mit 15 begriff ich, daß er sich für meine Rundungen interessierte. Er sagte, ich würde mich noch besser entwickeln, wenn ich Sex hätte. Er sagte, um die körperliche Liebe zu lernen, müßte ich mich an reifere Männer halten und nicht an unerfahrene Jungen meines Alters. Dann fing er an, sich an mir zu reiben und mich zu streicheln, beispielsweise wenn ich bügelte. Ich ging ihm aus dem Weg, so gut ich konnte, aber er schaffte es trotzdem, vor mir bis zum Samenerguß zu masturbieren.«

Annie bricht in Tränen aus. Alain Mozère senkt den Blick.

Das junge Mädchen fährt fort.

»Meine Mutter hatte mir verboten, tanzen zu gehen. Da sie nachts nicht da war, erlaubte Alain mir eines Abends auszugehen. Unter einer Bedingung: daß ich, wenn ich nach Hause kam, mit ihm schlief. Ich hielt das für einen Scherz und ging. Als ich zurückkam und die Tür öffnete, fielen Schaufeln und Besen mit lautem Getöse um. Mir war sofort klar, daß Alain sie dorthin gestellt hatte, um zu hören, wann ich heimkam, aber das beunruhigte mich nicht. Ich ging schlafen. Alain kam in mein Zimmer. Mein kleiner Bruder schlief auch dort: Wir hatten Etagenbetten. Mein Stiefvater faßte mich an, drang in mich ein. Es tat sehr weh. Aber ich konnte nichts tun, nichts sagen, weil ich sonst Loïc geweckt hätte. Hinterher ging er zurück in sein Bett. Das ging über zweieinhalb Jahre so.«

Mit Tränen in den Augen richtet Annie das Wort an ihren Stiefvater:

»Du hast mich beschmutzt. Seitdem kann ich kein normales Leben mehr führen. Ich bin nicht ganz richtig im Kopf. Ich fühle mich besudelt. Ich habe Probleme. Ich habe eine Therapie gemacht, die aber nichts gebracht hat. Ich vermisse meinen kleinen Bruder sehr. Ich kenne die Adresse meiner Mutter nicht. Wenn sie mich hätte sehen wollen, wäre sie zu mir gekommen. Ich verstehe einfach nicht, daß sie nicht gekommen ist, um mich aufzubauen.«

Alain Mozère mustert Annie eindringlich. Die Stille ist drückend. Annie zittert. Sie wirkt winzig, wie sie sich ans Geländer klammert. Sie spricht weiter:

»Mein Stiefvater zwang mich, ihn zu küssen. Er hielt mein Gesicht mit beiden Händen fest. Und er zwang mich auch, ihn oral zu befriedigen.«

»Nein, ich habe nie Gewalt angewendet«, verteidigt sich Alain Mozère. »Und ich habe Annie auch nie aufgefordert, mich oral zu befriedigen.«

Annie ist zu aufgewühlt, um fortzufahren. Schwankend kehrt sie an ihren Platz zurück. Ich drücke ihre Hand, um ihr damit zu bedeuten: Bravo! Danke! Nur Mut! Sie weint, aber ich weiß, daß sie erleichtert ist.

Ich bin stolz auf sie. Sie hat Stärke gezeigt. Soviel mehr als ich. Sie hat geredet, und welche Überwindung es sie gekostet haben muß!

Die Psychologin, bei der Annie in Behandlung war, tritt in den Zeugenstand:

»Ich habe Annie im Juni 1992 untersucht; damals war sie 21 Jahre alt. Ich habe zwei Brüche in ihrem Leben festgestellt. Die Scheidung ihrer Eltern und später ihren Umzug zu ihrem Vater. Annie erinnert sich nicht an ihre frühe Kindheit, an den Streit zwischen ihren Eltern, aber sie hat einen Mangel an Zuwendung und Einsamkeit erfahren. In ihrer Familie gab es keinen oder einen nur sehr begrenzten Dialog. Ihre Mutter schien mir ungeduldig und nur bedingt zu Zärtlichkeit fähig. Sie leistete in ihrer Rolle ein absolutes Minimum. Bei der Trennung der Eltern kümmerte sich niemand wirklich um das kleine Mädchen. Die Person, mit der sie den meisten Kontakt hatte, war ihr Stiefvater. Ihr Vater hatte ebenfalls wieder geheiratet, und seine neue Frau hatte nicht viel für das Kind übrig. Annie war ein kleines Mädchen, das von großen Ängsten geplagt wurde und sehr einsam war. Sie hatte es nicht leicht. Nachdem Alain Mozère sie mißbraucht hatte, zog sie zu ihrem Vater. Dann wollte sie unabhängiger sein und mietete sich eine eigene Wohnung. Annie ist ein schüchternes, zurückhaltendes junges Mädchen, depressiv und sensibel, kann sich aber klar und verständlich ausdrücken.

Ihr Gefühlsleben ist zerstört. Annie behält ihre Gefühle für sich. Sie hegt großen Groll gegen ihre Mutter, weil sie der Meinung ist, daß diese wußte, was vorging, sich aber blind und taub gestellt hat. Annie macht sich Sorgen um ihren kleinen Bruder, auf eine sehr reife Art und ohne sich mit ihrer Mutter zu identifizieren. Sie ist ihrem Vater sehr dankbar, wenngleich sie sich eine entschlossenere Haltung seinerseits gewünscht hätte.

Als sie Anzeige erstattete, befand sie sich in einer stark depressiven Phase. Ihr Freund hatte sie ermutigt. Die Therapie scheint ihr die Kraft gegeben zu haben, um zu kämpfen, aber sie leidet sehr unter einem Gefühl der Befleckung, unter einem gestörten Selbstempfinden. Sie ist sehr selbstkritisch und mag ihren Körper nicht, vor allem ihre Brüste. Sie kann sich nicht ohne Angst ausziehen und hat große Schwierigkeiten mit ihrer Sexualität. Sie hat das Gefühl, ihr Frausein niemals ganz ausleben zu können, sich nie frei entfalten zu können. Sie erzählt keine Märchen, weist keinen psychischen Defekt auf. Um Gerechtigkeit zu erlangen, versucht sie, einen Abwehrmechanismus für sich zu entwickeln.«

Dann folgen die Plädoyers.

Maître Crifo, Annies Anwältin, ruft den Geschworenen ins Gedächtnis, daß sie über eine inzestuöse Vergewaltigung zu urteilen haben, die von einem Erwachsenen begangen wurde, der Autorität über das Kind hatte, auch wenn die Mutter ihm verboten hatte, väterliche Autorität auszuüben.

»Für Alain Mozère war Annie ein Lustobjekt. Er hat sich ihr angenähert, weil er in Abwesenheit seiner Frau sein Verlangen stillen wollte. Dieser schwache Mann hat in seiner Stieftochter ein noch schwächeres Wesen gefunden, ein unschuldiges, unberührtes Kind, das er dazu benutzt hat, seine Triebe zu befriedigen. Er behauptet, die Jugendliche geliebt zu haben. Macht man einer Frau den Hof, indem man sich ihr aufdrängt und vor ihr masturbiert? Wenn ein Kind Opfer solcher Verhaltensweisen wird, fällt es ihm äußerst schwer, mit dieser Situation fertigzuwerden und ihre Abnormität zu erkennen. Annie liebte diesen Mann, wie eine Tochter einen Vater liebt. Sie glaubte, ihm gehorchen zu müssen. Alain Mozère machte sich diesen Gehorsam zunutze. Er machte sie glauben, daß ›Sexunterricht‹ zu seinen ›erzieherischen Pflichten‹ gehörte. Annies Mutter hat nie mit ihr über solche Dinge gesprochen. Für das Kind war das Ganze sehr verworren.

Mozère hat diese Verwirrung benutzt, hat seine Autorität mißbraucht. Sein Handeln ist verwerflich.

Erst im Laufe ihrer Entwicklung, im Rahmen von Gesprächen, wurde Annie die Situation richtig bewußt. Wir alle wissen, daß unsere Jugend unser Leben entscheidend beeinflußt. Wird die Jugend von einer Vergewaltigung überschattet, ist das Trauma unauslöschlich.

Annie hat ein zweites Trauma erfahren, als ihre Mutter sich in infolge der Anzeige von ihr abwandte. Man wirft Annie vor, Objekt der Begierde gewesen zu sein! Man beschuldigt sie der Verführung, sie, die mit 15 Jahren von der ersten Liebe träumte! Sie hat lange geschwiegen, bemüht, das gute Gewissen der Eingeweihten nicht zu stören. Sie ist fürs Leben gezeichnet, weil sie gelitten hat und nun Gerechtigkeit verlangt.«

Der Staatsanwalt hebt ebenfalls »die Leiden des Opfers« hervor.

»Es ist die Pflicht des Gesetzes, die Moral im öffentlichen Leben zu wahren, die Rechte der Minderjährigen zu schützen und über ihre körperliche und seelische Integrität zu wachen«, erinnert er. »Mozère hat sich, aus Liebe, wie er behauptet, drei Jahre lang seinem Opfer aufgezwungen. Er hat selbst zugegeben, sie ›hereingelegt‹ zu haben. Die beiden psychiatrischen Gutachten beweisen, daß er in einem gesunden sozialen und familiären Umfeld aufgewachsen ist. Beruflich war er passiv und ohne großen Ehrgeiz. In der Anfangszeit war das Zusammenleben mit seiner neuen Familie zufriedenstellend. Nichts deutete auf die Handlungen hin, über die wir heute zu befinden haben.

Mozères Auffassungsgabe ist als normal einzustufen. Er weist keinerlei pathologischen Defekt auf, der für eine Schuldunfähigkeit spräche. Und es gibt nichts, was die Authentizität der gegen ihn erhobenen Vorwürfe in Frage stellen würde. Ich bitte Sie, meine Damen und Herren Geschworenen, sich vor Augen zu halten, daß dieses junge Mädchen eine Entschädigung für ihr zerstörtes Leben verlangt. Sie unterzieht sich einer Psychotherapie, aber das, was sie erlebt hat, war so traumatisierend, daß es sie noch lange verfolgen wird. Der Angeklagte hat gestanden. Er rechtfertigt sein Handeln mit angeblicher Liebe, aber er hat sich wiederholter Vergewaltigung schuldig gemacht . . .

Diese Art von Verbrechen kann mit 19 Jahren Haft geahndet werden . . . ich beantrage 7 Jahre aufgrund mildernder Umstände.«

Sieben Jahre! Mildernde Umstände! Wann wird man Inzest endlich als wahres Verbrechen ansehen?

Maître Dreyfus hält als letzter sein Plädoyer. Er wird alles versuchen, das Strafmaß noch weiter herabzusetzen, indem er bei den Geschworenen Zweifel sät. Natürlich hebt er Mozères Schuldeingeständnis vor, seine Offenheit und Reue.

»Er ist ein sanftmütiger Mensch, der in zehn Jahren Ehe ein einfaches Leben geführt hat, ohne Probleme, ohne mit dem Gesetz in Konflikt zu geraten«, erklärte der Verteidiger leidenschaftlich. »Verschiedene Brüche haben ihn aus dem Gleichgewicht gebracht: sein berufliches Versagen und die mangelnde Zuwendung seiner Frau. Anstatt zum Mann zu reifen, hat er sich zurückentwickelt. Er ist ein Heranwachsender geblieben, was zu dieser Verwirrung bezüglich seiner Beziehung zu seiner Stieftochter geführt hat. Er hat seine väterliche Rolle nicht wahrgenommen, das geht deutlich aus den psychiatrischen Gutachten hervor. Er wußte nicht, wo er stand. Die Verwirrung wurde von seinem Umfeld gefördert sowie auch von Annies Schweigen. Aber der Schock ist erfolgt, das kann ich Ihnen versichern, meine Damen und Herren Geschworenen. Alain Mozère empfindet aufrichtige Reue, davon konnten Sie sich selbst überzeugen. Ich bitte Sie also um ein ausgewogenes Urteil, eine Art Übergangsmöglichkeit, damit das Leben um Annie und Loïc sich wieder normalisieren kann. Ich würde fünf Jahre auf Bewährung vorschlagen, mit der Auflage, die begonnene Psychotherapie fortzusetzen.«

Der Vorsitzende:

»Monsieur Mozère, haben Sie zu Ihrer Verteidigung noch etwas hinzuzufügen?«

Mozère erhebt sich:

»Ich bitte Annie um Verzeihung für das ganze Leid, das ich ihr zugefügt habe.«

Es ist 16 Uhr 30. Die Verhandlung ist geschlossen. Der Vorhang ist gefallen. Wie auch immer der Ausgang sein wird, die Prozedur war notwendig.

Annies Züge sind angespannt von seelischem Streß und Müdigkeit. Wieder geht ihre Mutter im Saal der verlorenen Schritte an ihr vorbei, ohne sie eines Blickes oder Wortes zu würdigen. Ihr Vater hingegen umgibt sie mit großer Zuneigung. Wir sind alle ein wenig groggy. Schweigend warten wir das Urteil ab.

Eine Stunde später sind die Geschworenen sich einig.

»Die Geschworenen haben mit acht Stimmen die Schuldfrage bejaht und ebenfalls mit acht Stimmen mildernde Umstände anerkannt. Alain Mozère wird also der Vergewaltigung als Erziehungsberechtigter an einer Minderjährigen für schuldig befunden. Allerdings werden ihm mildernde Umstände zugute gehalten. Der

Angeklagte wird zu fünf Jahren Haft ohne Bewährung und einer Entschädigung in Höhe von 60.000 Francs plus Zinsen an Annie verurteilt.«

Annies Mutter weint; vielleicht hatte sie geglaubt, den Gerichtssaal gemeinsam mit ihrem Mann verlassen zu können.

Auch Annie weint. Weil das Strafmaß ihr zu milde erscheint? Oder weil sie trotz allem erleichtert ist, endlich rehabilitiert worden zu sein? Vermutlich beides. Daß ihre Anschuldigungen nicht in Frage gestellt wurden, wird ihr ganz sicher helfen, wieder Selbstvertrauen zu finden.

Ich blicke ihr nach, als sie zwischen ihrem Freund und ihrem Vater das Gericht verläßt. Ich glaube, daß sie dank ihnen einer glücklicheren Zeit entgegengeht.

Vielleicht ohne es zu wissen, hat sie ein großes Kapitel meines Lebens abgeschlossen. Ein bißchen, als hätte sie eine von mir begonnene Aufgabe beendet.

Und dank ihr trage ich den Kopf wieder höher. In Zukunft wird mich der Prozeß meines Vaters und die Erinnerung an meine mißglückte Zeugenaussage vielleicht ein bißchen weniger quälen.

Lisie

Lisie lebt in eher bescheidenen Verhältnissen. Mit fünf Jahren verbringt das Mädchen mehr Zeit auf der Straße oder in der Bar seiner Eltern, Sonia und Luigi, als in der Wohnung, einer Art Hinterzimmer, das der ganzen Familie als Schlafraum diente. Sie scheint nicht darunter zu leiden, auch wenn sie ständig aufgeschürfte Knie hat, die von mißglückten Kletterpartien auf öffentlichen Bänken zeugen oder von wilden Verfolgungsjagden, denen ein hervorstehender Pflasterstein ein jähes Ende gesetzt hat. Trotz ihrer langen blonden Haare und ihrer zierlichen Gestalt klettert sie auf Bäume, prügelt sich tapfer und spielt auf dem Platz mit den Großen Ball.

»Ein halber Junge!« meint ihr Vater stolz, während er den Stammgästen ihren Pastis vorsetzt.

Ihre Mutter lächelt zustimmend, wobei man sich fragt, ob ihr Lächeln Nachsicht für Lisie bekundet, Einverständnis mit ihrem Mann oder ob es sich nur um den Reflex einer Geschäftsfrau handelt, die sich vor ihren Kunden stets von ihrer besten Seite zeigen muß. Mit dem gleichen ein wenig gequälten Gesichtsausdruck quittiert sie den Witz eines Trunkenboldes, die anzüglichen Komplimente eines Lastwagenfahrers auf der Durchreise und das Hereinstürmen Lisies, die sich einige Sekunden an ihren Hals klammert. Von dem Augenblick, da sie morgens früh die Vorhänge öffnet, bis spät abends, wenn sie die Stühle auf die Tische stellt, um leichter Zigarettenkippen, fettige Papierservietten, Erdnußschalen und Dreck in Richtung Mülltonnen fegen zu können, scheint diese Frau irgendwie abwesend.

Seit sie sich im Dorf niedergelassen haben, erzählt man sich die Geschichte von Sonia und Luigi. Um der Rache von Sonias Mann zu entgehen, mußten sie die Pariser Gegend verlassen. Als der ruhige, unauffällige Druckereiarbeiter von einem »wohlmeinenden« Freund von Sonias Affäre mit Luigi, einem Italiener, der in der Informatikbranche arbeitete, erfuhr, zertrümmerte er die ganze Einrichtung. Dann setzte er sich mit einer Axt auf die Gartenbank und wartete auf die Rückkehr der Treulosen.

Was wohl passiert wäre, wenn Sonia und Luigi nicht von demselben guten Freund vor der Raserei des Gehörnten gewarnt worden wären? Sie ließen es jedenfalls nicht darauf ankommen. Luigi nahm die Dinge in die Hand und überzeugte Sonia davon, daß sie sofort fliehen müßten.

Er hatte schon Monate versucht, sie zu überreden, mit ihm ein neues Leben anzufangen. Der hübsche Südländer, lebensfroh und herzlich, war dem Charme seiner Nachbarin erlegen, einem Mädchen aus dem Norden mit feinen Zügen und zurückhaltendem Gebaren. Sie hatte seine Avancen nicht abgewehrt. Trotz ihrer beiden Kinder Yvan, 13 Jahre, und Mathilde, 11 Jahre, hatten Sonia und ihr Mann sich nicht mehr viel zu sagen. Sie gingen höflich, aber ohne große Zuneigung miteinander um und teilten nur wenige Freuden.

Sonia ging jeden Tag in die hübsche Boutique, in der sie als Verkäuferin arbeitete. Aber in der Mittagspause traf sie sich bei einem Freund mit Luigi. Dieser Freund, der selbst eine Schwäche für Sonia hatte und den es wurmte, ihr und Luigi seine Wohnung als Liebesnest zur Verfügung zu stellen, war es schließlich auch, der ihre Affäre ausplauderte.

Luigi hatte keine Kinder. Seine bildhübsche junge Frau hatte ihm erklärt, daß sie keine wolle, vermutlich ein Zeichen eines tiefreichenden Konfliktes, über den sie sich nicht weiter auslassen wollte. Für Luigi, Sohn einer kinderreichen Familie und darauf bedacht, seine Männlichkeit unter Beweis zu stellen, ein guter Grund, sein Glück anderswo zu suchen.

Sonia hatte Schuldgefühle wegen ihrer Affäre, weigerte sich jedoch, eine endgültige Entscheidung zu treffen. Gleichermaßen unfähig, auf ihren Geliebten zu verzichten wie ihren Mann um die Scheidung zu bitten, lag ihr vor allem das Wohl ihrer Kinder am Herzen, denen sie nicht den Vater nehmen wollte.

Damals hätte sie sich nicht träumen lassen, daß sie gezwungen sein würde, sie zurückzulassen, daß sie ihr und nicht dem Vater schmerzlich fehlen würden.

Als sie mit Luigi den ersten Zug nach Südfrankreich bestieg, war Sonia ganz benommen von der chaotischen Situation. Um ihr Leben zu retten, hatte sie ohne ein erklärendes Wort ihre beiden Kinder verlassen. Sie stellte sie sich vor, todtraurig, von der Mutter verlassen worden zu sein, und in panischer Angst vor dem Wahnsinn ihres Vaters. Aber wie sollte sie umkehren? Luigi seinerseits fühlte sich unbeschwert und frei.

Das Paar kam bei einer Schwester Luigis unter. Glücklich, endlich mit Sonia zusammenzuleben, überschüttete Luigi sie mit Aufmerksamkeiten, tröstete sie, wenn sie weinte, sich verzehrte vor Sorge um Yvan und Mathilde.

Nach einigen Monaten fühlten die beiden sich in der Wohnung der Schwester nicht mehr wohl. Aber es gab in dieser Region der Provence ohne jede Industrie keine beruflichen Perspektiven. Und ohne Arbeit . . . keine Wohnung.

Es dauerte nicht lange, und Sonia wurde schwanger. Luigi war außer sich vor Freude, verwöhnte sie noch mehr und versuchte alles, um Arbeit zu finden.

Da las er im Rathaus eine Mitteilung, in der die Schließung des einzigen Cafés des Dorfes angekündigt wurde. Die Lizenz konnte jeder bekommen, der sich der Aufgabe gewachsen fühlte, die wenigen Reisenden in den Wintermonaten anzuziehen und diese mageren Einkünfte in der warmen Jahreszeit wettzumachen, mit den Touristen, die gewillt waren, einen Umweg über das eher reizlose Dorf zu machen.

Im achten Monat schwanger, ließ Sonia sich von Luigi überreden. Zumal sie gerade Nachricht von ihrem Ex-Mann bekommen hatte. Da er es leid war, für zwei Jugendliche zu sorgen, die ständig nur lautstark nach ihrer Mutter verlangten, und sich selbst ein neues Leben ohne die zwei Störenfriede aufbauen wollte, war er bereit, Yvan und Mathilde zu Sonia zu schicken, wenn sie sich nur melden würde.

Die Wiedervereinigung mit ihren Kindern, die bevorstehende Geburt, ein eigenes Heim . . . Sonia glaubte, ihr Leben würde in Zukunft freier sein, unbeschwerter. Ein Café zu führen, ja sogar dort zu leben, da eine kleine Wohnung dazugehörte, das bedeutete endlich Sicherheit, Unabhängigkeit, die Grundlage für ein neues Glück nach den überstandenen schlechten Zeiten. Die ganze Familie werde sich im Dorf integrieren; Luigi und sie würden niemandem mehr Rechenschaft schuldig sein . . . Sich eine neue Existenz aufbauen, die Vergangenheit endgültig hinter sich lassen.

Sonia brachte ein kleines Mädchen zur Welt, Lisie. Aber die Arbeit im Café durfte sie nicht schleifen lassen. Knapp eine Woche nach der Entbindung war Sonia wieder bei der Arbeit. Sie erkannte schnell, daß sie nicht geschaffen war für den undankbaren Job, der so wenig Geld einbrachte und sie 16 Stunden täglich beanspruchte, da die neuen Pächter das Bistro in ein Restaurant umwandeln mußten, um finanziell über die Runden zu kommen.

Gleichzeitig Bedienung und Hausfrau, mußte Sonia ohne mit der Wimper zu zucken das hirnlose Gequatsche der Säufer und ihre Grabschereien über sich ergehen lassen. Sie mußte an sich halten, sie nicht an die Luft zu setzen, wenn sie um ein Uhr früh noch an der Theke saßen.

Luigi seinerseits machte es Spaß, hinter der Theke zu schalten und zu walten, und er rührte sich nicht von dort fort, während Sonia alle anfallenden Arbeiten erledigte, morgens als erste aufstand und abends als letzte zu Bett ging. Besorgt sah sie ihre Kinder ohne jedes Familienleben aufwachsen. Lisies Wiege stellte sie in einer kleinen Ecke des Saales auf. Und Lisie wuchs heran, in der ganz speziellen Welt einer Dorfkneipe.

Sonia leidet sehr darunter, daß Luigi und sie ihr keine richtigen Eltern sein können. Sie sind nur kleine Bistrobetreiber, gezwungen, sich uninteressanten, jämmerlichen Gestalten zu widmen anstatt ihren Kindern. Die Kleine beklagt sich nicht, was der Mutter noch besorgniserregender erscheint. Lisie hat schnell eine Abneigung gegen den Schulbesuch entwickelt. Zu viele Vorschriften und Einschränkungen, an die sie sich einfach nicht gewöhnen kann. Stundenlang eingesperrt zu sein empfindet sie ganz offensichtlich als Qual.

Mathilde, die zweitälteste, mußten sie auf ein Internat schicken, da das nächste Gymnasium 40 Kilometer entfernt ist. Die Abwesenheit der Jugendlichen wirkte sich positiv auf das Paar aus: Luigi hatte seine Aggressionen gegenüber den Kindern eines anderen kaum verhehlen können. Für ihn waren sie eine ständige Erinnerung an die frühere Beziehung seiner Frau und eine finanzielle Last, auf die er gern verzichtet hätte.

Aber Sonia quält sich, da Mathilde sich nach dem heftigen Bruch zwischen den Eltern nur schwer mit der neuerlichen Trennung abfinden kann. Ihre schulischen Leistungen lassen immer mehr nach, und sie schreibt ihrer Mutter fast täglich Briefe, in denen sie ihr bittere Vorwürfe macht und ihre Verachtung für Luigi offen zum Ausdruck bringt.

Yvan seinerseits hat sich schlichtweg geweigert, weiter die Schule zu besuchen. Mit 17 Jahren hängt er faul herum, leidenschaftslos und desinteressiert. Sein Stiefvater versucht ihn aufzurütteln, beschimpft ihn sogar. Yvan läßt sich nicht aus der Ruhe bringen. Nichts berührt ihn, nichts kann ihn erschüttern.

Am liebsten ist er mit Lisie zusammen. Von ihr bekommt er weder Vorwürfe noch Vorhaltungen zu hören. Und das kleine Mädchen liebt den großen Bruder, der stets verfügbar ist, um mir ihr zu spielen, ihr Märchen vorzulesen oder sie zu kitzeln, bis sie um Gnade fleht.

Lisie weiß nicht mehr genau, wann aus Yvans Neckereien Liebkosungen geworden sind. Und sie weiß auch nicht mehr, wann er angefangen hat, immer öfter mit ihr in die Wohnung mit den ständig geschlossenen Fensterläden zu gehen.

Anfangs ist sie ihm widerspruchslos gefolgt. Er ist so überzeugend mit den vielen Bonbons in jeder Tasche. Lisie hält ihn sogar für einen Zauberer. Wie beschafft er sich nur diese Schätze, wo er doch von den Eltern keinen Sou bekommt? Daß er sie dem Lebensmittelhändler, der viel zu arglos ist, dem schlaksigen, scheinbar harmlosen Jungen zu mißtrauen, einfach vor der Nase weg klauen könnte, kommt ihr gar nicht in den Sinn.

In Lisies Augen ist Yvan schlicht wunderbar. Nichts, was von ihm kommt, kann den Argwohn des Kindes wecken. Nicht einmal dieses neue Spiel, bei dem sie sich ausziehen muß – wofür sie hinterher Karamelbonbons bekommt, die sie am liebsten hat.

Im Zimmer ihres großen Bruders ist ein offener Kamin. Lisie gefällt die Berührung der gemaserten Platte aus Marmorimitat. Dort liegt immer ein Schatz von Süßigkeiten für sie bereit, nachdem sie Yvans Anordnungen ausgeführt hat. Anordnungen, die er freundlich vorbringt. Immer freundlich. Darum findet Lisie auch nichts dabei, ihrem Bruder ihr Höschen zu zeigen. Die kleinen Jungen in der Schule fordern sie ja auch dazu auf. Sie spielen hinter dem Lebensmittelladen Doktor, gut versteckt hinter einer hübschen Lorbeerhecke.

Yvan hat sie eines Tages überrascht, als er von Einkäufen für seine Mutter zurückkam. Er ist von allen am meisten rot geworden. Die Jungen sind spitze Schreie ausstoßend davongerannt. Nachdem er die erste Überraschung überwunden hatte, nahm Yvan Lisie ein wenig unsanft am Arm und befahl ihr, nach Hause zu gehen. Auf dem Heimweg sagte er kein Wort. Lisie auch nicht.

Er hat sie nicht bei den Eltern verpetzt, wofür Lisie ihm dankbar ist, zumal er bald wieder der alte Yvan geworden ist, der Spieler, der gute Yvan.

Und doch erinnert sich Lisie, nachdem sie gründlich darüber nachgedacht hat, daß ihr Bruder sie kurze Zeit nach diesem Vorfall aufgefordert hat, mit ihm das gleiche zu tun wie mit ihren Schulkameraden. Das fand sie weniger lustig. Für sie war Yvan beinahe erwachsen. Er spielte anders als ihre Kameraden. Er reagierte anders. Tatsächlich schien es für ihn kein Spaß zu sein. Aber Lisie wollte diese Kleinigkeiten nicht sehen. Sie wollte nicht auf Yvans Gesellschaft verzichten. Sie hatte schon immer so schön mit ihm gespielt. Und dann waren da noch die verlockenden Süßigkeiten.

»Heute muß ich dich an Händen und Füßen fesseln«, erklärt er ihr an diesem Sommermorgen in dem dunklen Zimmer, während der Betrieb in der Bar losgeht.

»Beeil dich! Was hast du mir heute mitgebracht? Lakritz oder Roudoudous?«

»Eine Überraschung! Das erfährst du später, aber ich garantiere dir, daß du nicht enttäuscht sein wirst. Also los, ich bin der Cowboy, und du bist eine kleine Indianerin, die ich mit dem Lasso eingefangen habe. Du mußt dich ergeben.«

Lisie versteht nicht alle Worte, die Yvan benutzt, aber da er mit ihr spielen will, ist sie glücklich.

Ihr Bruder holt eine Schnur aus seiner Hosentasche und fesselt Lisie vorsichtig mit Händen und Füßen an die Gitterstäbe des Bettes.

Von draußen dringen Geräusche gedämpft in das

geschlossene Zimmer. Leute grüßen sich auf der Straße, rufen einander vor der Bar zu. Es ist Aperitifzeit. Sonia und Luigi werden bis zwei Uhr alle Hände voll zu tun haben. Wenn dann der letzte Durstige gegangen ist, werden sie Yvan und Lisie Brote bringen.

Yvan weiß, daß er sich nicht zu beeilen braucht.

»Jetzt ziehe ich dir die Shorts herunter, Lisie. Du bist meine Gefangene, und ich kann mit dir machen, was ich will. Du kannst dich nicht rühren. Siehst du, du bist gefesselt! Ich bin der Sieger! Und jetzt muß ich dein T-Shirt hochschieben. Ich muß doch wissen, wie die Squaw aussieht, die ich mir eingefangen habe. Ziemlich dürr! Aber es wird schon gehen!«

Yvan beginnt, die gänzlich flache, kindliche Brust seiner Schwester zu streicheln. Er wird wieder rot im Gesicht. Lisie kennt die seltsamen Flecken auf seinen Wangen, seiner Stirn und seinem Hals bereits. Aber plötzlich machen sie ihr angst. Ihr Bruder kommt ihr plötzlich vor wie ein Ungeheuer. Ihre Angst unterdrückend, findet sie die Kraft zu sagen:

»Jetzt gibt mir die Bonbons, Van. Hören wir auf. Du siehst ja ganz aufgeregt aus.«

»Kommt nicht in Frage! Das Spiel ist noch nicht zu Ende. Noch hast du dir die Leckereien nicht verdient, die ich dir mitgebracht habe. Mach die Augen zu. Bald wirst du wissen, worum es geht.«

Yvan nimmt die Hand seiner Schwester und schiebt sie auf sein Geschlecht zu.

»Also, die Regeln sind ganz einfach. Du mußt mich streicheln, bis ich einen Schrei ausstoße, verstanden?«

»Aber Van . . .«

»Still, Lisie, so ist das Spiel!«

Aber Lisie ist der Spaß vergangenen. Die Liebkosung, die ihr Bruder von ihr verlangt, ist ihr unerträglich. Sie möchte aufstehen und davonlaufen, sich im Café in die Arme ihrer Mutter werfen, raus auf die Straße, in die Sonne. Sie wünscht, sie wäre eine Fee und könnte Yvan wegzaubern. Denn der setzt sein abartiges Spiel fort. Er hat sich auf sie gelegt. Er ist so schwer, daß sie fürchtet, in tausend Stücke zu zerbrechen. Sie kann nicht schreien. Sie spürt, daß das alles falsch ist. Ihre Eltern würden sie ausschimpfen, wenn sie sie sähen. Und dann würde Yvan ihnen vielleicht erzählen, daß er sie bei Spielereien mit ihren Schulkameraden erwischt hat . . . Das ist kein Spiel mehr, dessen ist Lisie sich bewußt, auch wenn ihre fünfjährige Seele sich windet, es nicht wahrhaben will.

Lisie hätte es gern verhindert, stößt aber wider Willen einen lauten Schmerzensschrei aus. Yvan ist gerade mit aller Kraft in sie eingedrungen.

In Lisies Körper und in ihrem Kopf breitet sich undurchdringliche Schwärze aus.

Yvan nutzt die Gelegenheit, seine Schwester loszubinden und rauszulaufen.

Sonia fand ihre kleine Tochter zusammengekrümmt auf Yvans Bett. Das Blut und die Haltung des Mädchens sprachen für sich.

Wie konnte diese Frau angesichts dieser traurigen Szene zuerst an den Erhalt ihrer Familie denken? Lisie hat Jahre gebraucht, es zu verstehen. Indem sie von ihrer Tochter verlangt hat, ihr schreckliches Geheimnis für sich zu behalten, hat die gequälte Mutter sicher geglaubt, das Schlimmste verhüten zu können: daß die Familie, die sie solche Mühe gehabt hat wieder zu vereinen und für die sie trotz ihrer Erschöpfung und ihrer Enttäuschungen alles tut, was in ihrer Macht steht, erneut zerbricht.

Sonia brachte Yvan in einem Lernzentrum unter. Er protestierte nicht. Luigi stellte nur wenige Fragen. Ihm war es nur recht, daß Yvan aus dem Dorf verschwand. Seiner Ansicht nach hätte Sonia schon früher so klug und entschlossen handeln sollen. Wie eindringlich hatte er ihr dazu geraten!

Der junge Mann kam nur selten zwischen zwei Praktika zu Besuch, wobei er darauf achtete, Lisie nicht zu nahe zu kommen, die ihn im übrigen mied, wo sie konnte, jedoch ohne sich jemals die lähmende Furcht anmerken zu lassen, die sich ihrer bemächtigte, wenn sie von einem bevorstehenden Besuch ihres Bruders erfuhr.

»Lisie wird langsam reifer. Sie ist sogar ein wenig verschlossen«, bemerkte Luigi nach einigen Wochen.

Offenbar war er ein wenig enttäuscht von der plötzlichen Schüchternheit seiner Tochter. Tatsächlich hielt Lisie sich jetzt häufiger bei ihren Eltern in der Bar auf als draußen auf der Straße, suchte nur noch selten den Schutz der Hecke auf.

»Sie wird älter, das ist ganz normal«, entgegnete Sonia ausweichend, müde und abwesend wie immer.

Lange hat Lisie sich bemüht, so zu leben wie die anderen kleinen Mädchen, wobei ihr jedoch bewußt war, daß alles, wirklich alles, in sich zusammenfallen würde, wenn sie ihre Vergewaltigung mit fünf Jahren erwähnte. Man würde mit dem Finger auf sie zeigen, das hatte ihre Mutter ihr gesagt. Ihr Vater würde kein Wort mehr mit ihr reden, so wütend wäre er auf sie, und vielleicht würde er Yvan sogar verprügeln. Er konnte ihn ja ohnehin nicht besonders gut leiden. Vielleicht würde er ihm verbieten, jemals wieder nach Hause zu kommen, und das würde ihre Mutter sehr unglücklich machen. Und Lisie wollte nicht alle unglücklich machen.

Wer war schuld, sie selbst oder Yvan? Wer würde bestraft werden, wenn sie redete? Unmöglich, die Widersprüche zu entwirren. Aber eins wußte sie bestimmt: Sie mußte schweigen. Auf ewig. Sie wußte, daß die Katastrophe noch größer wäre, wenn sie sich bei jemandem beklagte. Ihr, der kleinsten, oblag es, die Familie zu retten.

Und das hat sie tapfer getan.

Sie hat nie darüber gesprochen.

Heute ist sie verheiratet und hat wie ich einen kleinen Sohn. Auch wenn sie von einer Depression in die andere verfällt, hat sie mir versichert, daß weder ihr Mann noch ihr Sohn je von dem Drama erfahren werden, das sie bis heute quält. Sie findet als Ehefrau und Mutter keinen Frieden, aber Lisie wird die ihren niemals verraten.

»Auf diese Weise habe ich das Gefühl, trotz allem eine normale Kindheit gehabt zu haben. Ich möchte die Erinnerung nicht beschmutzen«, rechtfertigt sie sich.

Als ich versucht habe, ihr klar zu machen, daß sie den Schmerz nie loswerden wird, solange sie schweigt, hat sie nur leicht den Kopf geschüttelt.

Da habe ich nichts mehr gesagt.

Éric

Érics Geschichte zu erzählen fällt mir am schwersten. Ich dachte, der Inzest beträfe nur Mädchen, bis ich Érics Geschichte hörte. Ich hatte mir bis dahin nicht vorstellen können, daß auch kleine Jungen ein ähnliches Martyrium erleiden könnten. Diese Erkenntnis hat mich derart erschüttert, daß ich nicht sicher bin, die richtigen Worte gefunden zu haben, diesem verzweifelten Jugendlichen zu helfen. Und dabei ist es ihm noch schwerer gefallen als den anderen, sich mir anzuvertrauen. Die Abscheu vor sich selbst, die Schuldgefühle, schienen mir bei ihm noch traumatisierender als bei seinen Leidensgenossinnen.

Éric ist 17 Jahre alt. Er ist groß wie ein Mann, aber sein Gesicht, das ebenso blaß ist wie seine Haare, wirkt noch kindlich. Seinen Zügen fehlt es an Ausdruck, und er sieht einem nicht in die Augen. Er geht sehr steif. Während andere Jungen in seinem Alter Sport treiben und sich entfalten, ist offensichtlich, daß Éric nie gewagt hat, sich diesem Vergnügen zu widmen. Er bestätigt es mir: Für ihn ist es lebenswichtig, die Existenz seines Körpers zu verleugnen. Tatsächlich kann ihn nichts, keinerlei Beschäftigung, von den schmerzlichen Erinnerungen ablenken, die ihn unablässig quälen.

Éric ist elf, als sich in seiner Familie etwas ereignet, was sein Leben auf den Kopf stellt. Er ist noch ein Dreikäsehoch, aber welches Selbstvertrauen! In dem Viertel von Pau, in dem seine Eltern leben, kennt ihn jeder. Die Leute machen sich einen Spaß daraus, schlagfertige Konter zu provozieren, man nimmt seine Streiche mit einem Lächeln hin und bombardiert den kleinen Besserwisser, der sich ebenso für Ameisen interessiert wie für interplanetare Reisen, mit Fragen. Außerdem ist er auch noch Kapitän seiner Fußballmannschaft.

Wenn Éric nicht in der Schule ist, spielt er draußen auf der Straße. Aber als verwöhnter kleiner Junge geht es ihm weniger darum, dem Elternhaus zu entkommen und sich neue Freiräume zu erobern, als die kleinsten Details seiner Umwelt in Besitz zu nehmen. Vor dem Obstbaum spielt er Himmel und Hölle. Die Ritzen zwischen den Steinplatten auf dem Bürgersteig zeichnen das Spielfeld vor. Ein kleines Eisengitter über einem Kanal stellt auf natürliche Weise den »Himmel« dar. Im Rinnstein errichtet er Dämme und Windmühlen. Unter idealen Umständen sammelt sich das Wasser in den Spalten zwischen den abgenutzten Steinplatten und reicht bis an den Bürgersteig, so daß große schmutzige Pfützen den Frisörladen oder das Wartezimmer des Zahnarztes überschwemmen, die etwas tiefer liegen.

Ein Gewirr alter Gassen mit unzähligen Hauseingängen und Toreinfahrten bildet für Éric und seine Freunde die Kulisse für endlose Versteckspiele. Nur die Rufe der Mütter, die ihre Kinder zum Essen holen, unterbrechen für einige Weile die Schreie, das Gelächter und die Rempeleien. Aber wie sehr er auch in das Spiel vertieft sein mag, ist Éric nie der letzte, der an Mutters Rockzipfel zurückkehrt. Denn zu Hause ist er der König. Er ist das Nesthäkchen, das seine Eltern nicht mehr erwartet haben. Seine Streiche ziehen leere Androhungen von Strafen nach sich und provozieren häufiger Lachanfälle als erzieherisch sicher vernünftigere Schimpftiraden.

Der älteste Sohn, Igor, ist mit dem Rucksack auf Weltreise gegangen. Auf Postkarten, die von immer weiter fort eintreffen, versichert der Weltenbummler den Eltern, daß er guter Dinge und bei bester Gesundheit sei. Éric bekommt von seinem großen Bruder zahlreiche und detaillierte Briefe. Ihm sind die leidenschaftlichen Beschreibungen von Traumlandschaften vorbehalten sowie epische Berichte von Abenteuern am Ende der Welt.

Und was die älteste betrifft, »Agnès die Brave«, sie studiert Politikwissenschaften in Paris. Sie ist ganz verrückt nach ihrem kleinen Bruder und kommt oft auf Besuch nach Hause, wo sie ihn dann mit Küssen bedeckt.

In diesem Universum der Zärtlichkeit, rundum in Watte gepackt, führt Éric das Leben eines kleinen Paschas. Gleichzeitig frei und behütet. Seine Eltern, wohlhabende Kaufleute, nehmen sich mit ihren 50 Jahren Zeit, ihn zu verhätscheln. Durch den Kleinen leben sie außerdem ihre Zärtlichkeit gegenüber Igor und Agnès aus. Und so sind sie am Boden zerstört, als sie eines Morgens ein Telegramm erhalten, in dem ihnen mitgeteilt wird, daß Agnès einen schweren Unfall gehabt habe. Sie liege im Krankenhaus und ihr Zustand sei sehr kritisch.

Eilig organisieren die Eltern ihre Abreise nach Paris.

»Wir können dich nicht mitnehmen«, erklären sie dem kleinen Jungen. »Das ist nichts für dich. Wir werden Tag und Nacht an Agnès' Bett sitzen, wenn es sein muß. Das alles ist zu tragisch für ein Kind in deinem

Alter. Das Krankenhaus, das Leid, das wäre ein zu großer Schock für dich.«

Éric möchte protestieren. Er war noch nie von seinen Eltern getrennt. Die bevorstehende Abreise der Eltern belastet ihn ebenso wie das Unglück seiner Schwester. Aber er begreift, daß er seinen Eltern in dieser traurigen Zeit keine Last sein darf.

Mit leiser Stimme und um einen festen Tonfall bemüht, fragt er, den Blick auf die Schuhspitzen geheftet:

»Und . . . bei wem soll ich bleiben?«

Seine Eltern tauschen einen Blick. Tränen in den Augen, völlig durcheinander und ganz verloren in ihrem Schmerz scheinen sie keine Antwort zu haben auf diese ganz selbstverständliche Frage.

Der Vater reagiert als erster.

»Also, mal sehen . . . Deine Tante Mathilde arbeitet viel und kommt zu spät nach Hause, um sich um dich zu kümmern. Außerdem könntest du dann nicht in die Schule, weil sie am anderen Ende der Stadt wohnt. Bei Anne und Philippe mit ihren vier Kindern ist es auch so schon eng genug. Ich möchte sie nicht bitten, dich auch noch aufzunehmen. Mir fällt nur mein Bruder Robert ein.«

»Nicht Onkel Robert, Papa! Ich mag ihn nicht. Er ist sonderbar. Er macht mir angst. Außerdem hat er nicht einmal selbst Kinder. Ich werde mich ganz allein bei ihm langweilen.«

»Sag so etwas nicht, Éric«, schimpft sein Vater milde. »Er ist sehr lieb. Mach uns jetzt keine Schwierigkeiten, ich bitte dich. Hilf uns. Tu es für uns und für deine Schwester. Ich hoffe, daß wir bald wieder zurück sind und gute Neuigkeiten mitbringen, aber im Augenblick ist das alles sehr schwer für uns, Éric . . .«

Seine Mutter sagt gar nichts. Wie in Trance packt sie einige Kleidungsstücke in einen Koffer, mit zitternden Händen, in Gedanken woanders.

»Also gut, wie ihr wollt«, murmelt Éric.

Bei Onkel Robert nehmen sie hastig Abschied. Als sie in ihren Wagen steigen, um zum Flughafen zu fahren, wirken Papa und Mama sehr müde. Sie winken Éric, der sich zu einem Lächeln zwingt. Es ist Mittag, die Sonne scheint. Noch nie war Éric so traurig.

»Komm essen. Ich habe zwar nicht mit deinem Besuch gerechnet, aber ich werde schon etwas für dich finden«, grummelt der alte Junggeselle und geht vor in die Küche.

»Mach dir keine Umstände, Onkel Robert, ich habe überhaupt keinen Hunger. Später vielleicht. Im Augenblick habe ich einen so großen Kloß im Hals, daß ich keinen Bissen runterbekommen würde. Tut mir leid.«

»Wie du willst, Kleiner. Dann geh und bezieh dein Bett. In dem Schrank im letzten Zimmer auf dem Flur findest du Bettwäsche. Du kannst übrigens gleich dieses Zimmer haben.«

Éric ist es nur recht, sich dünne machen zu können. Anstatt den innerhalb der Familie berühmt-berüchtigten Launen dieses Mannes ausgesetzt zu sein, verschwindet er lieber auf dem dunklen Flur. Und dabei haßt er dieses viel zu große Haus. Es war ihm schon immer zuwider herzukommen. Bei den wenigen Gelegenheiten, da seine Eltern ihn an schrecklich langweiligen Sonntagnachmittagen zu einem Besuch gezwungen haben, ist er nie dazu gekommen, das ganze Haus zu erkunden. Onkel Robert schien sich nur in der Küche aufzuhalten. Dort empfing er brummig seinen Besuch, bot ihm Kaffee und Gebäck an und schien nur darauf zu warten, daß die lästigen Störenfriede wieder verschwanden.

Im ganzen Haus riecht es muffig. Éric stößt eine Tür auf. Er schaudert und erstarrt dann, als sich das riesige Zimmer vor ihm auftut, in dem er wohnen soll. Dieses kleine Eisenbett, das unter Kisten voller alter Bücher und Kleider begraben ist . . . darin soll er schlafen? Es sei denn, der Onkel hat ihm das große Bett drüben am Fenster zugedacht.

Der Raum ist mit einem Durcheinander verschiedenster Möbel vollgestellt. Alle staubig, aus einer anderen Zeit. Tapfer sagt sich Éric, daß er aufräumen und sich eine kleine Ecke für sich einrichten wird. Seinen Koffer zu öffnen tröstet ihn ein wenig. Da sind seine Fußballsachen und sein altes Stofftier, Baghera, ein schwarzer Panther, den er hat, seit er noch ein Säugling war. Und da sind seine Schulbücher. Morgen wird er zur Schule gehen. Er wird seinen Onkel nur abends zu sehen bekommen. Immerhin etwas!

Ein Geräusch läßt ihn zusammenfahren. Die Tür zum angrenzenden Zimmer ist geöffnet worden. Hat der Onkel schon fertig zu Mittag gegessen? Éric hört seine schweren Schritte auf dem Holzboden. Komisch, er schließt hinter sich ab. Wovor hat er denn Angst? Éric wird ihn ganz sicher nicht stören. Hat wirklich seltsame Gewohnheiten der Typ. Und warum geht er an diesem Nachmittag nicht wie gewöhnlich arbeiten, warum fährt er nicht in die einige Kilometer entfernte Werkstatt, die er leitet?

Beim Abendessen herrscht angespannte Stille. Der Onkel ist es nicht gewohnt, sich zu unterhalten, das ist offensichtlich. Glücklicherweise hat Éric nicht die geringste Lust auf ein Gespräch. Aber trotzdem! Wie viele Mahlzeiten wird er an einem Tisch mit diesem Sonderling einnehmen müssen? Wie viele Tage, Abende und Nächte wird er in seinem Haus verbringen müssen? Éric ist zum Weinen zumute. Er hat Mühe, die aufgewärmten Dosenerbsen und den viel zu salzigen Schinken als Beilage hinunterzuwürgen. Sein Herz zieht sich zusammen. Wo sind seine Eltern in diesem Moment? Und seine Schwester, wie mag es ihr gehen? Éric kommt es vor, als lägen die glücklichen Tage weit zurück. Sein Onkel müßte doch wissen, daß er etwas Trost brauchen könnte. Mit elf Jahren ist es schwer, so etwas durchzumachen . . . Aber nein, sein Onkel ißt, trinkt, wischt sich mit der Serviette den Mund ab und geht schlafen, ohne sich im geringsten um die düsteren Gedanken seines jungen Gastes zu scheren. »Ich werde mich nicht mal bei Papa und Mama beschweren können«, sagt sich Éric. »Ich darf sie nicht damit belästigen.«

Éric verbringt eine unruhige Nacht. Das kleine Eisenbett quietscht bei jeder Bewegung. Im ganzen Haus ächzt und knackt es unheimlich. Mäuse trippeln über den Dachboden und streiten sich wohl um Körner, die sie im Garten stibitzt haben. Gewöhnlich mag Éric Mäuse, aber jetzt hält der Lärm, den sie veranstalten, ihn wach und macht ihm nur noch mehr angst.

Er ist erleichtert, als es Tag wird. Am Abend werden sich ganz sicher seine Eltern melden. Agnès wird wieder gesund werden, das fühlt er. Sie muß einfach. Sie werden bald alle zurückkommen, und dann wird dieser unangenehme Aufenthalt vergessen sein. Sogar sein Bruder Igor wird nach Hause kommen. Wo immer er auch steckt, ganz sicher nimmt er das nächste Flugzeug, den nächsten Zug oder das nächste Schiff, irgendwas, um mit ihnen zu feiern.

Am Morgen frühstückt Éric allein, ehe er sich zur Schule aufmacht. Sein Onkel hat sich nicht mehr blikken lassen. Was für ein merkwürdiges Benehmen für einen Familienangehörigen! »Wie gut, daß Mama mir beigebracht hat, allein zurechtzukommen«, denkt sich der Kleine.

Aber am Nachmittag, als er in das abweisende Haus zurückkehrt, träumt Éric wehmütig von den Köstlichkeiten, die seine Mutter immer für ihn zubereitet hat und auf die er die nächsten Tage wird verzichten müssen.

Überraschung! Als er die Tür öffnet, weht ihm der Duft von Pfannkuchen entgegen. Onkel Robert steht lächelnd am Herd, in der einen Hand eine Pfanne, in der anderen einen Wender.

»Komm rein. Setz dich und iß!«

Die Stimme ist beinahe so nett wie die Geste. Der Onkel ist also doch nicht so übel . . . Ein bißchen brummig, aber er ist den Umgang mit Kindern ja auch nicht gewöhnt. Daran wird es liegen. Er weiß nicht, wie er mit seinem Neffen umgehen soll. Jedenfalls macht er Fortschritte!

Trotzdem ist Éric verschüchtert.

»Für mich, wirklich?«

»Natürlich sind die für dich. Für wen denn sonst? Sonst wohnt hier niemand, soviel ich weiß. Und überhaupt kannst du von mir alles bekommen, was du willst, wenn du brav bist. Und das gleich.«

Erpressung? Éric begreift den Sinn der letzten Sätze nicht so ganz. Ihm kommt es vor als wären sie zweideutig gewesen. Aber inwiefern? Der ironische Tonfall verheißt nichts Gutes. Aber der Teller mit den Pfannkuchen, der vor ihm steht, ist zu verlockend, so daß er sich keine weiteren Gedanken macht. Brav? Natürlich wird er brav sein. War er denn seit gestern unartig? Wenn der Onkel ihm gegenüber endlich beste Ansichten zeigt, wird er ganz sicher nicht undankbar sein.

»Hast du Schulaufgaben auf?« fragt der Erwachsene immer noch honigsüß.

»Nein. Die habe ich schon während einer Freistunde erledigt.«

»Möchtest du etwas spielen?«

Éric kann sich schlecht vorstellen, mit seinem Onkel im Garten zu dribbeln oder mit ihm Monopoly zu spielen, als wäre er sein bester Freund. Außerdem ist sein Onkel nicht der Typ, einen Ball oder ein Monopolyspiel zu besitzen. Was könnten sie beide also spielen?

Éric gibt vor diesem Abgrund von Fragen auf.

»Ich habe keine Lust zu spielen, danke. Ich möchte lieber auf mein Zimmer gehen und lesen. Bis später.«

Onkel Robert macht ein enttäuschtes Gesicht. Éric hat ein schlechtes Gewissen. Er muß die Kommunikation zwischen ihnen wiederherstellen, wenn ihr Umgang nicht wieder so unpersönlich werden soll wie zu Anfang. Ohne nachzudenken, nur um irgend etwas zu sagen und Interesse zu demonstrieren, fragt er:

»Onkel Robert, warum hast du dich gestern nachmittag in deinem Zimmer eingeschlossen? Warst du vielleicht krank?«

»Nein, natürlich nicht. Aber manchmal habe ich Lust zu spielen . . . auf eine ganz spezielle Art . . . Na ja, es ist besser, wenn niemand weiß, was ich tue, sonst würde man mich für verrückt halten!«

In seinem Alter spielte er lieber, als zur Arbeit zu gehen? Das stellte Érics Vertrauen in ihn wieder her.

Wenn sein Onkel sich benimmt wie ein Kind, werden sie sich doch noch verstehen.

»Und was hast du gemacht, Onkel Robert?«

»Ah! Du bist ja vielleicht neugierig. Komm mit, ich zeige es dir . . .«

Der Onkel scheint sehr erregt bei dieser Aussicht. Er führt seinen Neffen den Flur hinunter und in sein Zimmer. Die Läden sind geschlossen, aber er macht sich nicht die Mühe, den Lichtschalter zu betätigen, den Éric neben dem Holzbett entdeckt.

»Du wirst sehen, es ist lustiger, wenn man Kerzen anzündet.«

Im schwachen Licht, das vom Flur hereinfällt, bemerkt Éric Kerzenständer, die überall im Raum verteilt sind. Außerdem hängen dort viele Spiegel. Ein seltsamer Geruch liegt in der Luft. Der Junge fühlt sich gar nicht wohl in seiner Haut, als Robert seine Hand nimmt und ihn energisch auf das Bett zuschiebt.

»Du hast doch keine Angst, hoffe ich. Du hast hier nichts zu befürchten. Außerdem wolltest du ja wissen, was ich in meinem Zimmer tue«, flüstert er ihm ins Ohr.

Éric kann nur murmeln:

»Ich weiß, daß ich keine Angst zu haben brauche. Aber ich möchte lieber doch nicht wissen, was du spielst, wirklich . . .«

Er zittert am ganzen Leib. Nimmt Onkel Robert ihn in die Arme, um ihn zu beruhigen? »Sicher nicht. Das alles ist doch nicht normal«, denkt Éric, dessen Gedanken sich überschlagen. Aber wie in einem Alptraum ist er wie gelähmt. Er, der so flink ist beim Fußball und auf der Straße, ist wie erstarrt vor Angst.

Robert streichelt ihm zärtlich wie eine Mutter das Haar, den Mund und die Arme und flüstert dabei:

»Du wolltest es doch . . . Du hast es gewollt . . . Jetzt laß mich machen.«

Der Junge gerät in Panik. Die Berührungen passen so gar nicht zu seinem Onkel, dem Eigenbrötler, dem Einzelgänger. Etwas Entsetzliches geschieht. Aber was soll er tun? Was soll er nur tun, um Gottes Willen?

Roberts Hände umfassen die Schultern des Kindes fester. Er zieht ihm die Hose aus. Dann entledigt er sich fieberhaft der seinen.

Éric wird ohnmächtig, als sein Onkel ihm seinen Penis in den Mund schiebt, bevor er ihn vergewaltigt. Und doch begreift er, als er wieder zu sich kommt, daß er soeben Opfer eines Gewaltaktes geworden ist, von dem er sich nie wieder erholen wird. Seine Kindheit ist beendet. Der kleine Junge existiert nicht mehr. Glück wird für ihn nur noch eine ferne Erinnerung sein. Der Kokon, der ihn noch vor wenigen Stunden geschützt hat, wurde auf die abscheulichste Art zerstört. Er liegt da, unrettbar verloren. Eine unförmige Hülle, mit Füßen getreten, zerrissen, stinkend.

Während sein Onkel, erschöpft von seinen Anstrengungen, zusammengesunken mit geschlossenen Augen und vor Lust wimmernd auf einem Sessel neben dem Bett sitzt, gelingt es dem Jungen zu fliehen.

Wie hat er sich wieder angezogen? Er kann sich nicht daran erinnern. Nur seine panische Flucht aus dem Haus und vor der alptraumhaften Szene werden ihm für immer im Gedächtnis bleiben.

Am Abend findet der Junge sich völlig außer Atem und wie in Trance vor dem Haus wieder, in dem seine Tante Mathilde wohnt, ohne zu wissen, wie er dorthin gelangt ist. Die junge Frau findet ihn scheinbar schlafend an ihre Tür gelehnt vor, als sie heimkommt.

»Éric! Wie kommst du denn hierher? Was ist denn passiert?«

Éric springt auf. Unfähig zu berichten, was ihm widerfahren ist, die Augen weit aufgerissen, schreit er:

»Ich kann nicht bei Onkel Robert bleiben! Onkel Robert ist gräßlich! Laß mich bitte bei dir bleiben. Ich will nicht zu ihm zurück . . . Nicht zu ihm zurück . . . Nie, nie wieder.«

Mathilde, verblüfft, daß der Junge den Weg zu ihr gefunden hat, und in Sorge wegen der Panik ihres Neffen, erklärt sich spontan bereit, ihn bei sich aufzunehmen.

»Was nur in deine Eltern gefahren ist, dich diesem alten Irren anzuvertrauen! Sie müssen den Verstand verloren haben! Glücklicherweise geht es deiner Schwester schon besser. Sie werden also in etwa einer Woche zurück sein. Sie haben mich heute angerufen. Sie konnten sich nicht erklären, warum dein Onkel heute nachmittag aufgelegt hat, als sie mit dir sprechen wollten. Sie haben sich Sorgen um dich gemacht. Zu recht, wie ich sehe. Bei dem alten Irren ist wirklich eine Schraube locker, daß er ein Kind derart aus der Fassung bringen kann. Was kann er nur zu dir gesagt haben? Du willst nicht darüber sprechen? Okay, okay. Keine Angst, ich bringe dich nicht zu ihm zurück. Du bleibst hier, bis deine Eltern zurückkommen. Wir rufen sie an und teilen ihnen die Planänderung mit – natürlich ohne sie zu erschrecken. Wir sagen einfach, du hättest eine leichte Grippe und wärst in meiner gut geheizten Wohnung besser aufgehoben als in dem zugigen Haus des bedauernswerten Sir Robert.«

Drei Tage rührt Éric sich nicht aus dem Gästebett, das seine Tante im Wohnzimmer für ihn aufgestellt hat. Am Abend liegen die Comics, die sie ihm hingelegt hat, bevor sie zur Arbeit gegangen ist, noch genauso da.

»Warum versuchst du denn nicht, dich zu beschäftigen?« fragt sie freundlich. »Ich weiß ja, daß du deine Eltern vermißt. Aber es sind doch nur ein paar Tage. Sie sind bald wieder da. Die Zeit würde dir weniger lang vorkommen, wenn du lesen oder aufstehen würdest.«

Als er stumm und apathisch bleibt, ruft Mathilde besorgt einen Arzt. Auch er ist ratlos.

»Ein kleiner Anfall von Heimweh, würde ich sagen«, diagnostiziert er, als er sich auch nicht zu helfen weiß. »Das ist ganz verständlich bei einem Elfjährigen, der unter dramatischen Umständen von seinen Eltern getrennt wurde. Wenn sie wiederkommen, wird er seine Lebensfreude und gute Laune bald wiedergefunden haben, da bin ich ganz sicher. In seinem Alter vergißt man die kleinen Unannehmlichkeiten des Lebens schnell wieder.«

Éric hat seine Lebensfreude nie wiedergefunden. Er ist nie wieder derselbe kleine Junge wie »vorher« geworden. Immer auf dem Sprung, traurig und in Gedanken versunken, meidet er seine Freunde, hat kein Interesse mehr an der Schule, am Fußball und an den Spielen auf der Straße.

»War der Unfall seiner großen Schwester ein solcher Schock für ihn?« fragen sich die Eltern, die mit ihrem Sohn vergeblich von einem Arzt und Psychiater zum anderen laufen.

Aus Éric-dem-Spaßmacher ist zur Betroffenheit aller

Éric-der-Schweigsame geworden. Weder die Rückkehr seines Bruders Igor noch dessen Erzählungen von seinen Abenteuern, weder die Aufmerksamkeiten von Agnès noch die wiederholten Bemühungen seiner Freunde, ihn in ihre Spiele miteinzubeziehen, können etwas daran ändern.

Als er, durch die Lektüre meines Buches ermutigt, zu mir kam, erzählte er mir die ganze Geschichte am Stück, als fürchte er, den Mut zur Offenheit zu verlieren, wenn er nur eine kurze Atempause einlegte.

»Abends nach der Schule machte ich schnell meine Hausaufgaben und schrieb dann einen Brief, in dem immer so ziemlich das gleiche stand:

Lieber Gott,

Ich bitte Dich um einen Gefallen: Ich möchte sterben. Nur Du allein kannst das bestimmen, und aus diesem Grund bitte ich Dich darum, tu es, töte mich. Ich weiß, daß es lange braucht, ehe Gebete erhört werden. Ich werde Dir also jeden Tag schreiben, damit Du mich irgendwann erhörst und mir hilfst.

Bitte, Lieber Gott, denk an mich und töte mich, wenn Du mich auch nur ein kleines bißchen lieb hast.«

Den Brief steckte er in einen Umschlag, den er unter sein Kopfkissen legte. Das ging jeden Abend so. Hiernach rechnete Éric in jeder Sekunde damit, daß Gott ihn erhörte.

Heute ist der Junge völlig wirr im Kopf. Er ist ein Einzelgänger, der ebenso die Freundschaft anderer Jungen ablehnt wie die Zärtlichkeiten von Mädchen.

»Ich existiere nicht«, hat er mir versichert. »Ich bin nichts mehr. Meine Eltern, mein Bruder und meine Schwester überschlagen sich förmlich, um mir ihre Liebe zu zeigen. Vielleicht ist das der Grund, weshalb ich es nicht über mich bringe, ihnen anzuvertrauen, was mich quält und zerstört. Es würde ihnen zu weh tun. Ich weiß, daß es sie unglücklich macht, mich so zu sehen, aber sie wären noch viel unglücklicher, wenn sie den Grund dafür wüßten. Der Tod meines Onkels vor zwei Jahren hat mich nicht gerächt. Noch heute lähmt mich die Erinnerung. Ich habe sie bei Ihnen das erste Mal herausgelassen, aber ich fühle keine Erleichterung. Die Scham ist unvorstellbar. Heute empfinde ich noch stärker als früher, daß ich der Bezeichnung Mensch nicht würdig bin. Ich werde ihrer nie würdig sein.«

Ich fand nicht die Worte, die nötig gewesen wären, Éric ein wenig Mut zu machen.

Wer kann schon jemandem dabei helfen, das Inakzeptable zu akzeptieren? Wer kann das Drama einer Vergewaltigung, eines mit elf Jahren von einem schelmischen Jungen erlebten Inzestes, banalisieren?

Ich war unfähig, mit ihm zu sprechen. Aber ich hoffe, daß ich ihm wenigstens den Mut gegeben habe weiterzuleben.

Nadège

Wie oft hat Nadège vor jenem erstickend schwülen Abend im Juli schon gezittert, erfüllt von dem brennenden Wunsch, ihrem Leben ein Ende zu machen? Wie oft hat sie die Hand nach dem kleinen grünen Kästchen mit den Schlaftabletten ausgestreckt, das ihre Mutter zwischen ihrem Shalimar-Parfum und dem Gesichtspuder aufbewahrt, der ihr einen Porzellanteint verleiht? Wie oft hat sie zögernd vor dem Spiegel gestanden, die Hände um den Rand des Waschbeckens gekrallt, das kleine katzenhafte Gesicht verzerrt, von ganzem Herzen wünschend, ihr Spiegelbild würde sich auflösen? Auf die andere Seite dieser zu glatten Fläche gelangen, nicht mehr existieren, nicht mehr atmen, nicht mehr leiden. Vergessen. Sich vergessen machen.

An diesem Abend findet Nadège in sich nur noch diese eine Kraft: das Kästchen nehmen, es öffnen, den Inhalt in die hohle Hand schütten, ein Glas mit Wasser füllen und die Dutzenden von Tabletten schlucken. Ein bitterer Geschmack im Hals. Nicht in den Spiegel sehen. Nichts mehr sehen, schon gar nicht sich selbst. Sich hinlegen. In der Erde versinken. Oder davonfliegen, weit fort von allen und allem. Sich in der Nacht verlieren.

»Nadège, was machst du denn? Ich bin strandfertig. Raff dich auf, oder ich gehe ohne dich. Es ist schön draußen! Es ist warm! Trödle nicht rum.«

Murielle klopft an die Zimmertür ihrer Schwester, ehe sie in die Küche flitzt, um Brote und Getränke einzupacken. Am Mittag, zwischen zwei erfrischenden Bädern, werden sie auf einem Felsen picknicken, wie jeden Tag seit Ferienanfang.

Das Mädchen ist knapp zehn Jahre alt, hat kleine braune Zöpfe und eine Stupsnase. Im Badeanzug hantiert Murielle um den Kühlschrank herum und hüpft dann zu ihrem Zimmer, um ein T-Shirt überzuziehen, das ihr bis zu den Knien reicht. Wieder ein ungeduldiger Fußtritt, als sie an Nadèges Tür vorbeikommt, und weitere Klagen:

»Alles bleibt an mir hängen! Langsam habe ich die Nase voll! Du läßt dich von vorn bis hinten bedienen, Nadège. Du nutzt mich aus, weil ich die Jüngere bin!«

Murielle spitzt die Ohren, kehrt zum Zimmer ihrer Schwester zurück, öffnet die Tür einen Spalt breit. Nadège liegt zusammengekrümmt auf dem sonnenüberfluteten Bett. Sie hat noch die Shorts und das T-Shirt vom Vortag an.

»Na hör mal, hast du denn gestern die Fensterläden nicht geschlossen? Hast du dich denn gar nicht ausgezogen? Warst du denn so müde? Was ist denn mit dir, Nadège? Mach die Augen auf! Beweg dich. Hörst du mich? Wach auf! Lieg doch nicht so da. Nadège . . . Nadège!«

Alle sagen: »Das kann doch nicht sein!« Ihre Mutter, ihr Stiefvater, die Verwandten, Freunde, Nachbarn . . . Nadège hat gerade ihr Abi in »Philosophie« mit Gut bestanden. Sie hat nie schulische Probleme gehabt. Seit der Grundschule ist sie in allem Klassenbeste gewesen. Fleißig, lerneifrig, phantasievoll, kreativ, liebenswert. Ihre Lehrer ließen keine Gelegenheit aus, ihre Intelligenz, ihren Charakter und ihre Umgänglichkeit zu loben.

Den gleichen Erfolg hatte sie bei ihren Freunden, die um ihre Zuneigung buhlten und später um ihre Liebe. Aber Nadège schien es nicht eilig zu haben, sich in das Abenteuer der Liebe zu stürzen. Im vergangenen Winter hatte sie sich endlich doch entschlossen. Sie hatte Mathieu ausgewählt, einen Studenten der Schönen Künste, den sie in einem Skikurs kennengelernt hatte. Seitdem rief der Junge sie ständig an, schrieb ihr haufenweise Briefe. Er hatte sogar mehrere Porträts von ihr gemalt; ein Gesicht, das von großen grünen Augen beherrscht wurde. Warum hatte er sie mit so traurigem Gesichtsausdruck und so leerem Blick gemalt? Warum sah er sie so? Vermutlich reine Romantik.

Murielle beneidete ihre große Schwester: Alles schien ihr in den Schoß zu fallen. Vor allem in jenem Sommer. Nach einem erfolgreichen Schuljahr konnte Nadège den Strand genießen, Pläne schmieden, sich glücklich und zufrieden fühlen. Mathieu sollte in ein paar Tagen anreisen: Er hatte sich einen Job bei McDonald's um die Ecke besorgt, um sie öfter sehen zu können. Nadège hatte sich an der philosophischen Fakultät in derselben Stadt immatrikuliert, in der auch er studiert.

Murielle versteht überhaupt nichts mehr. Warum hat ihre Schwester, ihr leuchtendes Vorbild, sie ohne ein Wort verlassen? Warum hat sie sich das Leben genommen?

Jetzt stellen ihr die Ermittler der Polizei tausend Fragen:

»Hatte deine Schwester irgendwelche Probleme?«

»Was meinst du, was sie bedrückt haben könnte?«

»Hat sie dir von ihren Sorgen erzählt?«

Murielle kann immer nur antworten:

»Nein . . . ich weiß nicht . . . Ich habe nichts bemerkt. Sie hat mir nichts gesagt. Dabei haben wir beide viel miteinander geredet. Ich verstehe das nicht.«

Probleme – Nadège? Sorgen? Daran hatte Murielle nie gedacht. Wenn ihre große Schwester sie angegiftet hatte, hatte sie ihr verziehen. »So sind ältere Schwestern eben«, hatte sie sich gesagt. »Ich gehe ihr ein wenig auf die Nerven, aber bald werde ich auch groß sein. Dann werden wir richtige Freundinnen. Dann läßt sie ihre schlechte Laune nicht mehr an mir aus.«

Wenn sie einen unglücklichen Eindruck gemacht hatte, hatte Murielle sich gesagt, daß das vermutlich normal war, wenn man aufhörte mit Puppen zu spielen, um in das andere Leben einzutreten, das der Erwachsenen. Nicht einfach, das Erwachsenwerden.

Gott sei Dank hielt sich Nadège meist nicht zurück, mit ihr herumzualbern. An diese Momente erinnert Murielle sich am besten. Sie spielten miteinander Karten und schummelten dabei bis zum Gehtnichtmehr. Sie stürzten sich in homerische Kissenschlachten, bis sie vor Lachen Bauchschmerzen hatten. Diesem ausgelassenen Toben folgten lange geflüsterte Unterhaltungen. Nadège beschrieb das Kleid, das sie bei ihrer Hochzeit mit Mathieu tragen würde, die Wohnung, in der sie leben würden, voller Bücher, Bilder, Katzen und Kinder.

Nein, Nadège hatte keine Probleme. Oder aber sie verbarg sie meisterhaft. Das kann Murielle schwören. Und doch hat ihre große Schwester sich das Leben genommen. Daran läßt sich nicht deuteln. Und die Kleine bleibt allein mit dieser so unerträglichen Trauer, diesem so unerklärlichen Verlust.

Zwischen ihr und dem Kind, das ihre Mutter mit Paul, ihrem Stiefvater, bekommen hat, wird es nie diese Vertrautheit geben. Überhaupt ist es erst drei Jahre alt, dieses unausstehliche Gör, plärrt andauernd und kann nicht teilen. Ihre Mutter? Die ist selten zu Hause, zu sehr in Anspruch genommen von ihrem Posten als Wirtschaftssekretärin in einem Großunternehmen. Paul? Den hat sie nie akzeptieren können. Er will den Platz ihres Vaters einnehmen, der fünf Jahre zuvor bei einem Autounfall tödlich verunglückt ist. Aber er stellt sich dabei ziemlich ungeschickt an.

Nadège hatte ihn auch nicht leiden können. Bei genauer Betrachtung war das vielleicht sogar ihr einziges Problem. Murielle war wohl aufgefallen, daß ihre Schwester sich veränderte, wenn er abends nach Hause kam. Ihre hellen Augen verdunkelten sich, ihre Züge wirkten plötzlich verschlossen. Sie gab vor, noch Hausaufgaben machen zu müssen, und floh auf ihr Zimmer.

»Ein bißchen hart, die Große!« dachte Murielle bei sich. Auch wenn ihr die dummen Bemerkungen, die Paul andauernd machte, um sie zu ärgern, auch auf den Geist gingen:

»Na, meine Hübschen, wollt ihr mir nicht von eurem Tag berichten? Hat dein Freund angerufen, Nadège? Und du, Murielle, hast du überhaupt schon einen?«

Das war sein Lieblingsthema. Die beiden Schwestern hatte es nur genervt. Murielle verdrehte die Augen, zuckte die Achseln und basta! Nadège wurde ganz blaß, und ihre Züge erstarrten vor Haß. Es schien, als würde sie gleich die Luft gehen oder in Ohnmacht fallen. Paul fand das ausgesprochen witzig:

»Komm schon, Nadège, cool bleiben! Ich interessiere mich für dich, das ist alles. Ist doch normal, oder? Du brauchst doch nicht so ein Gesicht zu machen! Jeder weiß doch, wie verliebt du in Mathieu bist.«

Sogar Murielle fand, daß ihre Schwester überreagierte. Paul war nervtötend, ja. Er mischte sich in ihre Angelegenheiten ein, gut. Aber es genügte doch, ihn einfach zu ignorieren. Warum verabscheute Nadège ihn so sehr?

Nach Nadèges Tod verbringt die Kleine viele Stunden im Zimmer ihrer Schwester. Sie liegt auf dem Bett, auf dem sie sich noch vor kurzer Zeit flüsternd ihre Geheimnisse anvertraut haben. Sie streichelt die Kleider ihrer Schwester, nachdem sie darauf bestanden hat, daß sie noch aufbewahrt werden. Langsam, nachdenklich blättert sie in den Unterrichtsordnern der Gymnasiastin. Ihre Schrift, alles, was sie zurückgelassen hat, nährt die Illusion, daß sie noch lebt.

Aber da, zwischen zwei Heften, was ist das für ein Brief? Er ist an sie, Murielle, adressiert. Ein länglicher blauer Umschlag wie jene, die Murielle oft für Nadège zur Post gebracht hat:

»Beeil dich! Ich möchte, daß Mathieu den Brief morgen bekommt«, hatte sie mit glänzenden Augen gefleht.

Auf diesem Umschlag stehen nur drei Worte in schwarzer Tinte: *Für meine Schwester*.

Noch ehe sie ihn öffnet, weiß Murielle, daß sie in wenigen Minuten die Gründe für das Drama kennen wird, das sie Tag und Nacht verfolgt, seit Nadège auf dem Friedhof am anderen Ende der Stadt beerdigt wurde. Mit trockenem Mund und klopfendem Herzen versucht sie die Kraft aufzubringen, die Worte zu lesen, die Nadège geschrieben hat, als sie noch ganz warm war und voller Leben. Worte von »vorher«, als sie noch hätte gerettet werden können.

Meine kleine Schwester,

ich hoffe, daß Du diesen Brief findest, falls aber nicht, ist es auch egal. Vielleicht sogar besser, weil Dir dann erspart bleibt, in deinen jungen Jahren bereits zu erfahren, wie schlecht die Welt ist. Und doch möchte ich, daß Du verstehst, warum ich nicht bei Dir, bei euch allen, bleiben kann. Ich hätte Dir diesen Schmerz gern erspart, aber ich leide zu sehr, um den Mut aufzubringen, weiterzuleben. Ich habe die Hölle hinter mir. Möge sie Dir erspart bleiben. Ich habe Dich so lieb, meine kleine Schwester. Was ich über vier Jahre durchlitten habt, ist entsetzlich. Ich darf mir gar nicht vorstellen, daß es Dir ebenso ergehen könnte.

Weißt Du, es war alles gut, bevor Mama wieder heiratete. Papas Tod machte mich traurig, er fehlte mir sehr, aber mir scheint, daß wir drei uns gegenseitig trösteten. Nur um Mama machte ich mir Sorgen. Ich spürte, daß sie neben der Trauer auch die Verantwortung belastete, für uns zu sorgen, unsere Ausbildung zu finanzieren. Als sie uns Paul vorstellte, war mir sofort klar, daß sie ihn als unseren Retter betrachtete. Sein Job als Buchhalter, sein großes Haus auf dem Land, seine Art, sich um alles zu kümmern . . . Ich unterdrückte meinen Groll und ignorierte die Antipathie, die ich ihm gegenüber empfand. Vor allem, als Mama uns mitteilte, daß sie mit unserem kleinen Bruder schwanger war.

Alles fing an, als sie vor dem errechneten Termin ins Krankenhaus mußte. Noch am selben Abend kam Paul in mein Zimmer. Du hast bei Großmama geschlafen. Wir waren allein im Haus. Ich las, warm im Bett eingekuschelt. Ich fuhr zusammen, als er plötzlich da stand. Ich verstand nicht, was er in meinem Zimmer machte. Er hatte nicht einmal angeklopft.

Murielle wird ganz schwindlig. Bilder, Szenen jagen sich vor ihrem geistigen Auge: das gequälte Gesicht ihrer Schwester, ihre Wutanfälle, ihre Aggression, ihre Wortkargheit, Pauls zweideutige Komplimente, wenn sie sich hübsch angezogen oder geschminkt hatte. Was Nadège vier Jahre lang verschwiegen hat, muß entsetzlich sein, das ahnt Murielle. Warum wäre ihre Schwester sonst nach und nach auf den Selbstmord zugetrieben?

Nadège hat also alles erklärt, in diesem Brief, in ihrer kleinen sauberen und gleichmäßigen Handschrift. Sie muß weiterlesen.

Ich schäme mich zu erzählen, was dann geschehen ist, Murielle. Paul hat mir nicht einmal Zeit gelassen, irgendwelche Fragen zu stellen. Innerhalb von zwei Sekunden war er bei mir im Bett. Mit einem Arm hielt er mich grob gepackt, während er mir mit der freien Hand den Mund zuhielt. Auch wenn ich geschrien hätte, wer hätte mich schon gehört? Ich geriet in Panik und wollte mich wehren. Er zog den Arm noch fester um mich. Ich war wie gelähmt vor Schmerz. Paul riß mir das Nachthemd vom Leib. Er hat mich vergewaltigt, Murielle. Es war wie ein Alptraum. Als er wieder ging, wußte ich, daß das, was passiert war, mir für immer unerträglich bleiben würde. Meine Zukunft war inner-

halb weniger Minuten zerstört worden. Nichts ergab mehr einen Sinn. Ich war 15 Jahre alt.

Wenig später kam Paul zurück. Er trug einen Bademantel, schien ruhig, musterte mich aber stirnrunzelnd. Mit fester Stimme sagte er: »Wenn du das Maul aufmachst, schlage ich dir die Zähne ein, und dann haue ich ab, und ihr sitzt allein in der Scheiße. Außerdem würde deine Mutter dir doch nicht glauben . . .«

Ich war unfähig, auch nur einen klaren Gedanken zu fassen. Es erschien mir alles so ungeheuerlich. Dieses Gefühl von Weltuntergang, einer Katastrophe, eines irreparablen Bruchs hat mich nicht mehr losgelassen.

Was sollte ich Mama sagen, wenige Tage vor der Niederkunft? Wie sollte ich mit dieser Wunde leben? Ich habe es versucht.

Mama kam aus dem Krankenhaus zurück, glücklich, vollauf mit dem Baby beschäftigt. Paul umsorgte sie, aufmerksam, liebevoll, perfekt. Sollte ich schreien: »Mama, dein Mann hat mich vergewaltigt! Dieser Mann, dem du vertraust, dieser Mann, den du liebst, dieser Mann ist ein Dreckschwein!«

Die Sicherheit vermittelnde Harmonie, die Mama so wichtig war, wäre durch meine Schuld zerstört worden. Paul hatte an alles gedacht. Ich hätte den entsetzten Blick unserer Mutter nicht ertragen, die Abscheu, die sie mir gegenüber vielleicht empfunden hätte, und ihren Schmerz. Wem hätte sie geglaubt? Mir? Was hätte mir das genützt? Es hätte ihr Leben und das der ganzen Familie zerstört. Und was, wenn sie an meinen Worten gezweifelt hätte?

Wem sollte ich mich dann anvertrauen? Dir? Beinahe hätte ich es getan. Aber konnte ich Deine Kindheit vernichten? Dir ein so belastendes Geheimnis aufbürden?

Ich habe mich dagegen entschieden. Auch fühlte ich mich so beschmutzt. Was würdest Du nach diesem Geständnis von mir denken? Und auch wenn ich der ganzen Welt hätte verkünden können: »Mein Stiefvater hat mich vergewaltigt!«, hätte das auch nichts geändert.

Ich habe versucht zu vergessen. Mathieu hat mir mit seiner Sanftmut und Zärtlichkeit dabei geholfen. Ich wollte mit aller Kraft daran glauben, daß wir das Recht hatten, glücklich zu sein und Pläne zu schmieden. Einige Minuten gelang es mir, dann wurde ich wieder von der Verzweiflung überwältigt.

Ich werde mich nie von dieser Beschmutzung freimachen können, das weiß ich. Es ist besser zu sterben.

Ich liebe Mathieu, aber es macht mir angst, wenn er mich nur zu fest umarmt. Er versteht meine Ängste nicht. Wie sollte ich sie ihm erklären? Ich werde nie die Frau irgendeines Mannes sein. Überhaupt würde mich kein Mann haben wollen, wenn er davon wüßte . . .

Ich habe Angst vor dem Tod, Murielle. Aber ich kann so nicht weiterleben. Bewahre Dich. Schütze Dich. Ich habe Dich so lieb. Ich werde fortgehen, ich weiß nicht wohin. Ich wünschte, ich könnte von dort aus über Dich wachen.

Nadège

Als sie mich aufsuchte, hatte Murielle den Entschluß gefaßt, mit ihrer Mutter zu sprechen. Ich habe sie angehört. Ich war wütend und unendlich traurig. Nadège hatte den Mut gehabt zu sterben. Einige Jahre zuvor hatte ich selbst diesen Wunsch gehegt, ohne den Mut aufzubringen, ihn in die Tat umzusetzen. Ich hätte alles gegeben, um sie ins Leben zurückzuholen. Nicht sie hätte zahlen müssen, sondern derjenige, der ihre Jugend zerstört hatte.

Ich habe nicht versucht, die kleine Murielle, die so entschlossen war, ihre Schwester zu rächen, von ihrem Vorhaben abzubringen. Sie hat Nadèges Brief ihrer Mutter gegeben.

Während der Lektüre hat die junge Frau nicht mit der Wimper gezuckt. Keine Träne, kein Ausruf. Und am Ende hat sie gemurmelt:

»Nadège ist tot, Murielle. Wir alle trauern um sie. Aber deine Schwester war psychisch gestört. Ihr Selbstmord ist der Beweis. Und dieser Brief. Paul kann unmöglich getan haben, wessen sie ihn beschuldigt, das muß dir doch klar sein. Sieh ihn dir doch an! Er ist die Güte selbst. Was wären wir ohne ihn? Wir leben friedlich miteinander, trotz der Tragödie, die wir durchmachen mußten. Lassen wir das Leben seinen Lauf nehmen. Nichts und niemand kann uns Nadège zurückgeben. Zerreiß den Brief und denk nicht mehr daran. Vergiß, Murielle, vergiß.«

Murielle wollte nicht länger mit ihrer Mutter und ihrem Stiefvater unter einem Dach leben. Sobald wie möglich hat sie ihre Volljährigkeitserklärung beantragt, die ihr auch bewilligt wurde. Ihre Großmutter hat sie bei sich aufgenommen, ohne Fragen zu stellen.

Murielle ist zu mir gekommen, um mir von Nadège zu erzählen, weil sie das Gefühl hat, an ihrem Geheimnis zu ersticken, weil es ihr den Schlaf raubt und ihr Leben überschattet.

Niemals wird Murielle vergessen können.

Gina

Gina ist gerade 50 geworden.

»Bald werde ich eine alte Dame sein!« sagt sie kopf-
schüttelnd, ein leises fatalistisches Lächeln auf den
Lippen. »Ich kann einfach nicht glauben, daß meine
Jugend schon so weit zurückliegt . . . Andererseits
habe ich nie eine Jugend gehabt. Sie wurde mir vor sehr
langer Zeit geraubt. Ich war zehn . . .«

Gina ist sehr groß. Ihr schlanker, muskulöser Körper
strotzt vor Energie. Kurze, seidige Haare von hübscher
kastanienroter Farbe, nur vereinzelt von weißen Strähnen durchzogen, lassen ihren dunklen Teint weicher
erscheinen. Ihre großen haselnußbraunen, beinahe bern-
steinfarbenen Augen verleihen ihrem Gesicht ein eigen-
tümliches Strahlen.

»Die Zeit hat der Erinnerung nichts anhaben können. Die Jahre haben den Schmerz nicht gelindert. Der
Inzest ist in mir und quält mich seit jenem unheilvollen
Tag, da meine Kindheit vernichtet wurde. Es hat sogar
ohne mein Zutun meinen Körper verwandelt, dessen
bin ich mir sicher. Ich habe so sehr verdrängt, was aus
mir ein Vergewaltigungsopfer gemacht hat, daß ich
meine Identität und mein Geschlecht nicht mehr kenne. Wer könnte behaupten, ich wäre feminin? Niemand.
Und doch freut es mich. Ich würde es vorziehen, wenn
es anders wäre, aber ich habe schon lange keine Wahl
mehr. 40 Jahre Leben außerhalb der Normen.

Ich wurde in einer sehr wohlhabenden Familie geboren. Mein Vater, im Zweiten Weltkrieg hochdekorierter Berufssoldat, führte zu Hause das gleiche strenge Regiment wie in der Kaserne. Meine Mutter widersprach ihm nie, um des lieben Friedens willen oder aus Liebe vermag ich nicht zu sagen.

Ich, die ich streng dazu erzogen war, diesen dominanten Mann und diese unterwürfige Frau zu lieben, fühlte mich erstickt. Um der bedrückenden Atmosphäre zu entfliehen, schloß ich mich in meinem Zimmer ein. Paradox? Überhaupt nicht. Dort widmete ich mich in aller Ruhe meiner großen Leidenschaft: dem Lesen. Mit einem Kriminal-, Abenteuer- oder Science-fiction-Roman in den Händen vergaß ich alles um mich herum: die erdrückende Atmosphäre daheim, die häufige Schelte, die Langeweile, die Rebellion, die in meinem Inneren schwelte.

Ich habe aus den Büchern soviel gelernt! Noch heute sind sie für mich wie Balsam an schlechten Tagen.

Meine Eltern sahen es nicht gerne, daß ich mich auf diese Weise ihrem Zugriff entzog. Meine Lektüre entzog sich ihrer Kontrolle. Würde ich nicht meinen Geist pervertieren mit den Werken, deren Inhalt mein Vater verdammte? Meine Eltern versuchten alles, mich anderweitig zu beschäftigen, mich von meinen Büchern loszueisen:

›Geh doch ein bißchen nach draußen, Gina. Die Sonne scheint. Deine Freundinnen warten zum Spielen auf dich.‹

Ich mochte diese Mädchen nicht, die sich als meine Freundinnen ausgaben. Ich mochte nicht spielen. Die Freundinnen, die meine Eltern mir aufdrängen wollten, waren größtenteils die Kinder ihrer eigenen handverlesenen Freunde. Völlig uninteressante Zöglinge, die genauso waren wie ihre Eltern: falsch, angeberisch, Heulsusen und Petzen.

Ich war sicher kein einfaches Kind, das gebe ich zu. Meine Eltern träumten von einem braven kleinen Zinnsoldaten, diszipliniert und mit perfekten Manieren. Ich hingegen war stur wie ein Esel und wollte nur eins: mich ihnen entziehen.

Mein Zimmer war für mich schon immer eine Zuflucht gewesen. Schon mit vier oder fünf Jahren, als ich es verlassen mußte, um in die Schule zu gehen, war ich starr vor Angst. Was würde mir außerhalb dieser sicheren Zuflucht geschehen? Mit der Zeit lernte ich, meine Ängste zu beherrschen. Die Persönlichkeit meiner Lehrerin hat mir sehr geholfen. Ihre Phantasie, ihre Bemühungen, uns mit Spaß und Freude an Buchstaben, Wörter und Zahlen heranzuführen, begeisterten mich. Bei ihr machten sogar die kleinen Pflichtaufgaben Spaß. Sie war groß und schön, mit einer kleinen runden Brille, die ihr eine Strenge verlieh, die sie gar nicht besaß. Sie spielte mit diesem falschen Eindruck.

Wie gern hätte ich eine Mutter wie sie gehabt anstelle eines Ausbundes an Tugendhaftigkeit wie der meinen. Es dauerte nicht lange, und meine Lehrerin wurde zu meiner Vertrauten. Sie erklärte mir immer sehr ruhig, was ich falsch gemacht hatte, und brachte es fertig, mir zu raten, ohne mir eine bestimmte Verhaltensweise vorzuschreiben.

Ich haßte den Sonntag, den Tag des Herrn. Meine Eltern weckten mich schon im Morgengrauen. Ich mußte mich schrubben und meine hübschesten Kleider anziehen für den Gottesdienst. In meinem weißen Kleidchen und mit den kleinen Schleifen im Haar sah ich aus wie ein Schoßhündchen. Die Lackschuhe drückten entsetzlich, aber beklagen durfte ich mich nicht. Ich schob sämtliche Unannehmlichkeiten auf die Kirche und die

Pfarrer und begann, beides abgrundtief zu hassen. Meinen Vater und meine Mutter, die mich zu dieser ganzen Maskerade zwangen, hätte ich mit den Pfarrern in einen Sack stecken können, aber trotz unserer zahlreichen Auseinandersetzungen hatte ich mir ein wenig Zuneigung und Respekt ihnen gegenüber bewahrt.

Wenn ich gewußt hätte . . .

An meinem zehnten Geburtstag habe ich mir beim Aufwachen irgendwie gewünscht, daß sich endlich etwas an meinem trostlosen Dasein ändern würde. Ich konnte ja nicht ahnen, wie entscheidend mein Leben aus den Fugen geraten würde.

Der Vormittag zog sich hin. Bei uns zu Hause war es Sitte, daß vor dem Mittagessen keine Geschenke überreicht wurden. Und was, wenn meine Eltern sich ausnahmsweise einmal Mühe gegeben hatten, mir eine wirkliche Freude zu machen? Wenn sie sich wirklich Gedanken gemacht hatten, um etwas zu finden, was mich begeistern würde: ein Fotoapparat zum Beispiel? Zehn Jahre: das war ein Meilenstein. Vielleicht würden sie ja endlich meine Interessen berücksichtigen, vielleicht sogar unterstützen?

Irrtum! Sehr zufrieden mit sich, schenkten sie mir . . . ein traumhaftes Kleid aus englischer Spitze und gaben sich überrascht angesichts meiner Enttäuschung.

Die Mahlzeit verlief so still wie immer, außer am Ende, da sie schockiert gewesen wären, wenn ich nicht in Begeisterungsrufe ausgebrochen wäre wegen der Mandelcremetorte, einer Spezialität meiner Mutter, die bei jeder Gelegenheit prahlte, daß die Torte jedesmal anders schmecke, obwohl sie sich immer an dasselbe Rezept halte.

Endlich! Gleich würden wir aufstehen, nachdem das

langweilige Familienessen vorbei war, und ich würde mich in meine Höhle zurückziehen und nach Herzenslust lesen können. Meine Mutter hatte jedoch andere Pläne.

›Gina, du wirst doch an einem solchen Tag nicht auf deinem Zimmer bleiben! Mach mir die Freude und zieh dir etwas Hübsches an.‹

Ah! Ein Spaziergang mit den Eltern! Ich würde mir anhören müssen, wie dieses vorbildliche Paar sich stundenlang über Banalitäten aus ihrem Alltagsleben unterhielt. Mein Vater war unschlagbar, wenn es darum ging, die Aufmachung einiger anderer Kinder im Park in höchsten Tönen zu loben: ›Daran solltest du dir ein Beispiel nehmen, Gina!‹ und etwas zu offen turtelnde Liebespaare zu kritisieren. Meine Mutter nickte nur mit ihrer sittsamen Kopfbedeckung. Ich bemühte mich derweil, mir meine Ungeduld nicht anmerken zu lassen, bis wir endlich nach Hause zurückgingen.

Aber der Ausflug an meinem 10. Geburtstag sollte sich völlig anders gestalten als jeder vorangegangene. Geziert eröffnete mir meine Mutter:

›Du hast vielleicht Glück. Du darfst deinen Vater begleiten. Der Major nimmt euch auf seinem Boot mit.‹

Der ›Major‹ war ein hochrangiger, pensionierter Marineoffizier. Er besaß eine Jacht, was meine Eltern mit Neid erfüllte. Es war immer ein Ereignis, wenn er so gnädig war, sie an Bord einzuladen.

Was mich betraf, wurde ich immer seekrank. Ich lehnte mich also gegen dieses Angebot auf, da ich wußte, daß mir wieder übel werden würde.

›Aber ich habe keine Lust, mit dem Boot rauszufahren, Mama. Du weißt doch, daß mir immer schlecht wird. Ich will nicht bootfahren!‹

›Und ich sage, du wirst!‹

Ihr Tonfall duldete keinen Widerspruch.

Im Wagen, auf dem Weg zum Hafen, schlug Papa zum x-ten Mal sein Lieblingsthema an: er und seine Heldentaten. Der Monolog hätte mich einschläfern müssen – ich kannte ihn auswendig –, aber in der Rolle des Helden machte mein Vater mich rasend. Wenn er vor meiner Geburt ein toller Typ gewesen war – gut ... schade, daß er es nicht geblieben war!

Ich ahnte noch nicht, wie sehr er sich von dieser mystischen, großzügigen, mutigen und heldenhaften Person entfernt hatte, die er an diesem Tag mit besonderem Nachdruck beschrieb.

Wir trafen am Hafen ein. Das Wetter an diesem Nachmittag im September war einfach traumhaft. Das Meer war spiegelglatt. Ich schüttelte meine schlechte Laune ab. Vielleicht standen mir ja doch einige angenehme Stunden bevor.

Der ›Major‹ erwartete uns bereits, gesprächig und enthusiastisch.

›Ihr werdet sehen! Was für ein Ausflug, meine Freunde! Los, los, kommt an Bord! Ich habe noch nie ein so ideales Wetter erlebt. Schade, daß Christoph Kolumbus bei seinem Aufbruch nach Amerika nicht solches Wetter hatte.‹

Er hat den Motor gestartet, und schon nach wenigen Minuten waren wir draußen auf offenem Meer. Es stimmte, daß das Meer schön war und die Sonne warm, aber nicht zu heiß. Ich beschloß, den Ausflug zu genießen.

›Komm her, ich zeige dir die Kabinen, Gina. Sie werden dir gefallen.‹

Ich fuhr zusammen. Ich war auf meiner bequemen Liege beinahe eingeschlafen. Ich hatte nicht die geringste Lust aufzustehen. Aber wie gewöhnlich gab es kein Entrinnen, ich mußte meinem Vater gehorchen. Ohne Widerworte.

Er führte mich zu einer schmalen Treppe. Ich war überrascht, wie dunkel es dort war. Er öffnete hastig eine Tür, stieß mich in einen kleinen Raum und schloß hinter uns ab.

Ohne ein Wort zog er seinen Pullover und seinen Gürtel aus.

Ich war völlig entgeistert und noch ein wenig benommen von der Hitze oben an Deck. Ich kam jedoch rasch wieder zu mir, als er mir befahl:

›Zieh dich aus!‹

›Aber . . .‹

Da brüllte er, vor Zorn hochrot im Gesicht:

›Kein Aber.‹

Dann schlug er mit dem Gürtel auf das Bett in der Kabine.

Völlig verschreckt starrte ich ihn an. Ich war wie gelähmt, verstand nichts. Noch nie hatte er sich so aufgeführt.

Ein Brennen an den Beinen ließ mich aufschreien. Mein Vater hatte mir mit dem Gürtel auf die Waden geschlagen. Hatte er den Verstand verloren? Plötzlich war ich überzeugt davon, daß ich keine andere Wahl hatte, als ihm zu gehorchen und mich nackt auszuziehen. Gehorchen. Meinen Badeanzug ausziehen. Gehorchen. Gehorchen. Ich wiederholte dieses Wort immer wieder wie besessen. Ich begann zu weinen wie ein Baby. Ich hatte Schmerzen, ich hatte Angst.

›Leg dich aufs Bett!‹

Als er sich neben mich legte, senkte sich Stille herab, während seine Hände über meinen Körper glitten.

Dann legte mein Vater sich auf mich. Einen Augenblick später durchzuckte mich ein schrecklicher Schmerz. Er bewegte sich, während ich meine Furcht in stummen Tränen ertränkte. Ich war verloren. Womit hatte ich eine solche Strafe verdient?

Endlich stand mein Vater wieder auf. Er zog sich an, und in Weltuntergangsstimmung tat ich es ihm gleich.

›Und jetzt führen wir beide ein ernsthaftes Gespräch.‹

Die Worte klangen schneidend wie Drohungen, wie Ohrfeigen.

Ich wagte nicht, meinen Vater anzusehen. Meinen Vater! Ich war einfach unfähig, den Kopf gerade zu halten. Meine Arme hingen kraftlos an meinem Körper herab, der mir nun fremd war.

›Was gerade passiert ist, muß unter uns bleiben. Verstehst du mich?‹

Ich verstand nicht.

Verärgert über mein Schweigen, wurde er wieder gewalttätig, packte mich bei den Schultern, schüttelte mich und brüllte:

›Hast du mich verstanden, Gina? Niemand würde dir glauben, wenn du es erzählen würdest! Niemand! Also tu, was ich sage!‹

Gehorchen.

Er fuhr fort:

›Du bist nur ein freches Gör, das dringend eine Lektion nötig hatte. Es ist getan. Wenn du den Mund aufmachst, wird man glauben, du hättest dir das alles nur ausgedacht. Und überhaupt, du liest viel zu viele Geschichten und bestimmt nicht von der anständigsten Art. Bilde dir nicht ein, daß jemand dir glauben würde. Und mach nicht solch ein Gesicht, sonst muß ich unserem Freund sagen, daß du wieder seekrank bist, und er steuert zurück an Land. Es wäre doch schade, einen so schönen Nachmittag nicht zu nutzen.‹

Mehrere Tage habe ich vor mich hinvegetiert, völlig abgestumpft, hin und her gerissen zwischen Furcht und Abscheu. Aber wenngleich mein Vater das Kind in mir getötet hatte, hatte die Rebellin in mir noch nicht die Waffen gestreckt. Ihn weiterleben und seine Rolle als Bilderbuchvater spielen zu sehen, als wäre nichts geschehen, bestärkte mich in meinem Haß. Auch hatte ich Angst, daß er es wieder tun könnte. Nach und nach gelangte ich zu der Überzeugung, daß ich daran ersticken würde, wenn ich es niemandem erzählte. Jemand mußte mir glauben, dieses Ungeheuer bestrafen, so wie er es verdient hatte, und ihn vor allem daran hindern, es noch mal zu tun.

Meine Mutter wunderte sich über meinen mangelnden Appetit und meine Wortkargheit. Mein Vater meinte dazu:

›So ist Gina doch immer! Was findest du denn an ihr verändert? Sie schließt sich wie gewöhnlich in ihrem Zimmer ein. Sie redet nicht mit uns. Ich sehe da keinen Unterschied.‹

Da mein Vater dies behauptete, ließ meine Mutter es auf sich beruhen.

Mutter! Sie mußte mich anhören. Sie mußte einfach! Wem sonst sollte ich mich anvertrauen?

Mein Entschluß stand fest. Jetzt mußte ich nur noch den Mut aufbringen, mit ihr zu sprechen, die Kraft, die Worte auszusprechen, um diese alptraumhafte Szene zu beschreiben.

Eines Tages stürzte ich mich ins kalte Wasser.

›Mama, ich muß dir etwas sagen . . .‹

›Gut, aber beeil dich. Gleich holt mich eine Freundin ab. Ich bin noch nicht mal fertig.‹

Ich wäre am liebsten auf mein Zimmer geflüchtet. Ich wollte schreien, das Kopfkissen über den Kopf gezogen, aber ich bin über mich selbst hinausgewachsen.

›Mir ist etwas passiert, Mama . . . Ich möchte wissen, ob das normal ist.‹

›Was erzählst du denn da? Sprich und rede nicht um den heißen Brei herum. Ich sagte doch schon, daß ich in Eile bin.‹

›Mama, als Papa mit mir auf dem Boot des Majors war, an meinem Geburtstag . . .‹

›Ja, ich erinnere mich. Und?‹

Ich holte tief Luft.

›Also, Papa ist mit mir in eine Kabine gegangen. Er hat sich ausgezogen. Er hat mir befohlen, mich ebenfalls auszuziehen und mich auf das Bett zu legen. Er war sehr wütend. Dann hat er sich auf mich gelegt. Er hat mir sehr weh getan mit seinem . . .‹

Ich konnte nicht weitersprechen. Ich warf einen verstohlenen Blick auf meine Mutter. Sie sagte kein Wort. Sie war sehr blaß, hielt sich sehr gerade, den Blick gesenkt. Dann wandte sie den Kopf ab. Und da begriff ich: Sie hatte erwartet, eines Tages zu hören, was ich ihr soeben erzählt hatte.

Wutentbrannt herrschte sie mich an.

›Du gehst auf dein Zimmer und liest, Gina. Du verläßt dein Zimmer auf gar keinen Fall. Hast du mich verstanden?‹

Zum zweiten Mal tat sich die Erde unter mir auf.

Während ich auf mein Zimmer verbannt war, rief meine Mutter den großen Kriegsrat zusammen. Alle wichtigen Mitglieder der Familie kamen. Welche Ehre für mich, daß um mich ein solcher Wirbel veranstaltet wurde.

Aus dem Wohnzimmer drang Stimmengemurmel bis zu mir. Ich war wie erstarrt vor Angst und Haß. Die Erwachsenen, die ich sowieso schon geringschätzte, hatten jede Konsistenz verloren. Bis auf jene weiche, ekelerregende der Feigheit. Sie diskutierten über mein Schicksal. Ein Tribunal richtete über mich. Ich war zehn Jahre alt, mein Vater hatte mich vergewaltigt, und mir machte man den Prozeß!

Nach zweistündiger Debatte wurde meine Zimmertür geöffnet. Das Urteil würde verkündet werden. Ich sollte vor meine Richter treten, um die mir auferlegte Strafe zu hören. Sie waren alle da, sahen mich an. Ihre Augen sagten: ›Tabu!‹

Ich hatte gegen die Regeln verstoßen. Ich hatte es an Schamhaftigkeit mangeln lassen. Ich hätte schweigen müssen. Weil nämlich bei diesen Leuten . . .

›Gina, wir haben lange diskutiert und nachgedacht. Wir haben nur eine Lösung gefunden, dich daran zu hindern, die widerliche Lüge zu verbreiten, die du gewagt hast, über deinen Vater zu erzählen.‹

Voilà! Er hatte also recht gehabt. Nicht mir glaubte man, sondern ihm. Zumindest war er derjenige, den man schützte, um den Schein zu wahren, um diesem perversen Irren Würde und Ansehen zu erhalten.

›Wir werden dich in eine religiöse Einrichtung schikken, die strengste, die es gibt. Die Isolation und die Disziplin werden dich wieder zur Vernunft bringen. Dort wird dir die Lust vergehen, irgendwelchen Unsinn zu erzählen, um dich interessant zu machen, ohne Rücksicht darauf, ob du den Ruf deiner Familie ruinierst. Dort wird man dir gewisse Werte beibringen, was offenbar dringend notwendig ist.‹

Man würde mich einsperren wie eine gemeingefährliche Verrückte! Ich sollte mein Zimmer verlassen, meine geliebten Bücher, mein Zuhause, meine Lehrerin!

Dann ging mir die positive Seite dieser Maßnahme auf: Ich würde meinen Vater nicht mehr sehen. Er würde mir nichts mehr tun können. Ich war gerettet.

Ich war zehn und hatte keine Eltern mehr, die dieser Bezeichnung würdig gewesen wären.

Mein Exil zu organisieren dauerte einige Wochen. In dieser Zeit sprach mein Vater kein Wort mit mir. Er wich meinen anklagenden Blicken aus. Meine Mutter schien sich ebenso unwohl zu fühlen.

Was mich betraf, so dachte und träumte ich nicht mehr. Ein Bild hatte sich mit unauslöschlich eingebrannt: mein Vater, der nackt vor mir stand, einen Ledergürtel in der Hand.

Als alles für meine Abschiebung bereit war, brachten meine Eltern und meine Großmutter mich im Wagen in eine benachbarte Stadt. Während der Fahrt sagte niemand ein Wort. Ich begriff, daß wir am Ziel waren, als wir an hohen Mauern entlangfuhren. Eine schwarzgekleidete Frau öffnete die beiden Flügel eines verrosteten Tores. Sie führte uns zum Büro der Oberin.

Der Haupteingang dieses schloßartigen Bauwerks war prunkvoll und schön. Ich war beeindruckt und eingeschüchtert von der monumentalen Steintreppe und den Fenstern mit den schmiedeeisernen Balkonen. Im Inneren überwog dann letztere Empfindung. Mir lief es kalt den Rücken hinunter, als wir durch den hohen Flur mit den grauen Wänden gingen.

Meine Eltern wurden in das Büro gebracht, während meiner Großmutter aufgetragen wurde, mich zu beaufsichtigen.

Die Unterhaltung zog sich in die Länge. Natürlich! Meine Eltern mußten lang und breit die Verfehlungen ihrer unwürdigen Tochter berichten. Zweifellos beruhigte sie die Mutter Oberin, indem sie die Vorzüge ihrer Institution hervorhob. Was kümmerte es mich? Würde ich hier ungestört lernen und lesen können? Das war alles, was mich interessierte. Aber wie auch immer, das eine war ziemlich sicher: Ich würde nicht das Recht haben, mich zu beklagen.

Die Tür öffnete sich, und eine Stimme befahl:

›Treten Sie ein, Mademoiselle!‹

Ich fand mich in einem riesigen Raum wieder. Nur ein einsames Kruzifix schmückte die beigefarbenen Wände. Die Mutter Oberin stand vor dem Kreuz. Sie hielt sich sehr gerade und wirkte trotz ihres kleinen Wuchses imposant. Auf leisen Sohlen schlich ich zu ihr hin. Ich begriff gleich, warum sie mir angst machte: Sie war robust gebaut, eckig, und ihr zerfurchtes Gesicht schien zehntausend Jahre nicht mehr gelächelt zu haben.

Mein Vater, meine Mutter und meine Großmutter, die steif und die Füße dicht beisammen um ihren Schreibtisch herumsaßen, würdigten mich keines Blickes.

Ich sah mich nach einem freien Stuhl um, als die Schwester mich anfuhr:

›Mademoiselle, Sie sollten gleich wissen, daß Sie aufzustehen haben, wenn die Mutter Oberin das Wort an Sie richtet. Haben Sie das verstanden?‹

Ich saß doch nicht einmal!

›Also, fahren wir fort. Sie sind hier, um zu lernen und zu beten. Hierbei rate ich Ihnen, niemals die goldenen Regeln zu vergessen. Sie sind sehr einfach zu verstehen und zu behalten: keine Zigaretten, kein Alkohol, keine Jungen, kein Ausgang, kein Gequatsche, keine Streitigkeiten.‹

Ich hörte schon vor Ende der »Kein«-Litanei nicht mehr zu. Als sie fertig war, schloß sie mit den Worten:

›Sie schlafen im Schlafsaal A3. Schwester Hélène wird Sie hinbringen.‹

Schwester Hélène war das genaue Gegenteil der Mutter Oberin: jung und trotz des Schleiers sehr hübsch. Sie schenkte mir einen sanften, aufmunternden Blick. Zweifellos war ihr die Begrüßungsrede vertraut.

Während wir das Labyrinth durchquerten, das zum Schlafsaal führte, versuchte sie, mir das Kloster positiv zu beschreiben:

›Die Klassenzimmer sind sehr sonnig, du wirst sehen. Mit Blick auf den Obstgarten. In der Bibliothek warten Tausende Bücher auf dich. Liest du gern? Hast du Angst? Das ist ganz normal; du bist ja gerade erst angekommen. Ich bin sicher, daß du dich schnell an dein neues Leben gewöhnen wirst. Heute begleite ich dich persönlich zum Speisesaal, damit du dich nicht verläufst.‹

Sie war seit langem die erste, die mit mir sprach wie mit einem zehnjährigen Mädchen, wofür ich ihr unendlich dankbar war.

›Danke, Madame.‹

›Das heißt: Schwester.‹

Sie klang belustigt.

Von diesem Augenblick an wünschte ich mir Schwester Hélène als Verbündete, als Rettungsanker, als Zuflucht.

Sie wurde noch viel mehr: Freundin, Adoptivmutter. Sieben Jahre lang waren wir unzertrennlich. Meine Eltern kamen mich in großen Abständen besuchen, und ich verbrachte die Ferien bei ihnen. Ich konnte ihr Ende kaum erwarten. Die Atmosphäre zu Hause war unerträglich. Meine Mutter mußte ebenso große Angst haben wie ich, daß mein Vater wieder über mich herfiel. Sie achtete entsprechend darauf, ihm keine Gelegenheit dazu zu geben. Es hatte dieser tragischen Umstände bedurft, sie zu meiner Verbündeten zu machen, wenn auch wider Willen.

In diesen langen Monaten half mir die Gewißheit, Schwester Hélène bald wiederzusehen, durchzuhalten und mich in Geduld zu fassen. Ich hinterfragte nicht, was mich mit ihr verband, bis ich eines Tages auf der Treppe eine Unterhaltung zwischen der Mutter Oberin und Schwester Hélène belauschte.

›Sie verbringen zuviel Zeit mit Gina‹, hielt die Oberin ihr vor. ›Das ist Bevorzugung. So etwas lehne ich ab. Diese Haltung könnte sie in ihren homosexuellen Neigungen bestärken, von denen ihre Mutter mir erzählt hat.‹

›Homosexuelle Neigungen?‹

Die ungläubige Frage Schwester Hélènes stellte ich mir selbst im selben Augenblick. Sie verunsicherte mich.

Kurze Zeit nach diesem Vorfall sagte meine Freundin zu mir:

›Wir werden uns weniger oft sehen können. Unsere Mutter Oberin möchte nicht, daß ich die anderen Schülerinnen vernachlässige, indem ich zuviel Zeit mit dir verbringe.‹

Lächelnd fügte sie hinzu:

›Aber wir können uns ja heimlich treffen.‹

Ich fühlte mich unbehaglich. Heimlich! Wir taten doch nichts Schlimmes. Plötzlich hatte ich das Gefühl, unsere Beziehung gründe nicht nur auf Freundschaft allein. Ich machte mir Vorwürfe. Ich, die ich seit Jahren versuchte, die Schuldgefühle zu überwinden, die ich bei der Erinnerung an den Vorfall auf dem Schiff empfand, betrachtete mich plötzlich als durch und durch verdorben. Ich war wirklich unrein, soviel stand für mich fest.

Erschüttert vertraute ich Schwester Hélène an, weshalb ich im Kloster untergebracht worden war. Dann fragte ich:

›Das, was passiert ist, war das meine Schuld?‹

Schwester Hélène hatte während meiner Erzählung kein Wort gesagt, aber mir war nicht entgangen, daß sie blaß geworden war. Ihre Stimme klang gepreßt, als sie mich fragte:

›Warum hast du mir das nicht schon früher erzählt? Ich hätte dir helfen können. Es muß sehr schmerzhaft für dich gewesen sein, dieses schreckliche Geheimnis all die Jahre mit dir herumzutragen. Ich würde dich dieses Leid gern vergessen machen. Du hast es nicht verdient, Gina.‹

Schwester Hélène umarmte mich, streichelte meine Wange und mein Haar.

›Gar nichts ist deine Schuld. Ich verspreche, daß ich dir helfen werde. Du kannst dich auf mich verlassen.‹

Das war der Beginn einer Katastrophe.

Sofort stürzte sie ins Büro der Mutter Oberin. Hinterher beschrieb sie mir die Szene.

›Mutter, ich habe Ihnen etwas sehr Ernstes mitzuteilen.‹

›Sprechen Sie, da Sie es so eilig zu haben scheinen.‹

Schwester Hélène berichtete ihr mit aller Entrüstung, derer sie fähig war, von meinem Unglück.

›Ich bin über alles informiert‹, erwiderte die Mutter Oberin eisig. ›Gina ist bei uns, weil sie solchen Unsinn erzählt. Sie weiß seit langem, daß sie kein kleines Mädchen ist wie die anderen. Sie hat sich immer zu anderen Mädchen hingezogen gefühlt, und um von ihrer Neigung abzulenken, hat sie diese Geschichte erfunden. Wir dürfen uns von ihr nichts vormachen lassen. Erst recht nicht Sie, Schwester Hélène. Sie ist in Sie verliebt, das ist doch glasklar. Ich habe Sie ja gewarnt. Ich habe Sie aufgefordert, sich von ihr fernzuhalten. Es ist eine schwere Verfehlung, daß Sie mir nicht gehorcht haben, Schwester Hélène. Ich muß entsprechende Konsequenzen daraus ziehen, die mir zwar widerstreben, die sich jedoch nicht umgehen lassen. Wir werden uns von Ihnen trennen. Ich werde um Ihre Versetzung aus disziplinarischen Gründen bitten. Es geht nicht anders. Sie werden dieses Kloster verlassen. Und was Gina betrifft, wird sie bestraft werden dafür, daß sie erneut versucht hat, ihren Vater in den Schmutz zu ziehen.‹

Während der drei Wochen ›Einzelhaft‹, die man mir auferlegte, hatte ich genügend Zeit, über mich selbst nachzudenken. In einem Zimmer eingesperrt, ohne Unterricht, Ablenkung, Speisesaal, bekam ich nur eine Klosterangestellte zu Gesicht, die mir dreimal täglich meine Mahlzeiten brachte. Ich wußte damals noch nicht, daß Schwester Hélène bereits weggeschickt worden war. An sie zu denken war mein einziger Trost.

Ja, ich liebte sie. Es stimmt, ich empfand nur Abscheu für Männer. Wie hätte ich ihnen verzeihen können, meinem Vater ähnlich zu sein? Die Erkenntnis drängte sich mir auf: nur bei Frauen fühlte ich mich sicher. Mir wurde klar, daß ich nie wieder einem Mann vertrauen, ihn achten, bewundern oder gar lieben könnte.

Mein Vater hatte mein Leben noch gründlicher zerstört, als mir bis dahin bewußt gewesen war.

Als ich aus meinem ›Gefängnis‹ entlassen wurde und erfuhr, daß Schwester Hélène nach Straßburg geschickt worden war, beschloß ich, davonzulaufen und Frankreich zu durchqueren, um zu ihr zu gelangen. Der November ist nicht der ideale Monat, per Anhalter zu fahren, aber ich bin einigen guten Seelen begegnet, die mir die Reise beträchtlich erleichtert haben, indem sie mich in ihrem Wagen mitgenommen und mir häufig auch eine Mahlzeit spendiert haben.

Als ich in der großen Stadt im Elsaß eintraf, klingelte ich bei sämtlichen religiösen Einrichtungen.

›Ich suche eine Nonne mit Namen Schwester Hélène. Ist sie vielleicht bei Ihnen? Ich möchte sie so gerne sehen.‹

Beim dritten Versuch bekam ich endlich die Antwort, auf die ich verzweifelt gehofft hatte.

›Ja, wir haben hier eine Schwester dieses Namens, kommen Sie herein. Sagen Sie mir Ihren Namen, und ich lasse sie fragen, ob sie Sie empfangen möchte.‹

Ich unterdrückte einen Freudenschrei. Ich würde sie wiedersehen! Mein Herz raste.

›Folgen Sie mir, mein Kind. Schwester Hélène erwartet Sie.‹

Ich schwebte, ich flog.

Die Klosterpförtnerin führte mich in eine kleine Kapelle. Die wenigen brennenden Kerzen vermochten die Dunkelheit nicht zu verdrängen.

›Nehmen Sie in diesem Beichtstuhl Platz.‹

Trotz meiner Verblüffung gehorchte ich.

Hinter der Gitterwand atmete jemand. Hélène!

›Sag nichts, Gina. Laß mich dir erklären, warum ich dich auf diese Weise empfange. Ich habe geschworen, dir nie wieder von Angesicht zu Angesicht gegenüberzutreten, als ich erkannte, daß meine Berufung durch meine Gefühle zu dir gefährdet war. Ich glaubte dich zu lieben wie die Tochter, die ich niemals haben werde, doch es war mehr als das. Aber ich möchte mich Gott weihen, das ist meine Bestimmung: Nonne zu sein und sonst nichts. Diese erzwungene Trennung hat uns beide gerettet, davon bin ich überzeugt. Mir hat sie geholfen, klarer zu sehen. Du hast mir gefehlt. Du hast mir viel zu sehr gefehlt. Ich habe noch rechtzeitig gehandelt. Du mußt es genauso machen, Gina. Du mußt fort, es im Leben zu etwas bringen, um jeden Preis, denn du hast es dir verdient.‹«

Gina ist nicht der Ansicht, es im Leben zu etwas gebracht zu haben. Sie ist immer ein Außenseiter geblieben. Sie hat nie ihren inneren Frieden gefunden. Ihr Vater hat, zumindest nach außen hin, in Frieden gelebt, und das war ihm ja auch immer das Wichtigste – den Schein zu wahren.

Als sie mir ihre Geschichte erzählt hatte, konnte sie nicht anders, als abschließend hinzuzufügen:

»Du hast Glück, Nathalie, daß du 30 Jahre später geboren wurdest als ich. Die Zeiten haben sich geändert. Inzest ist kein Tabuthema mehr. Du hast darüber sprechen und dich befreien können. Kinderschändern wird der Prozeß gemacht.«

Ich habe ihr gestanden, daß sich in bezug auf den Inzest die Zeiten leider kaum geändert haben. Das war weder ihr noch mir ein Trost.

Alexandra

Wie könnte man auch nur einen Augenblick glauben, irgend jemand könnte in einer inzestuösen Situation glücklich sein?

Als meine Gespräche mit Alexandra anfingen, ahnte ich nicht, wie sehr ihre Geschichte meine Zuhörer schockieren und verunsichern würde.

Alexandra hat eine ebenso schmutzige Geschichte erlebt wie Gina, Éric, Annie und so viele andere: Inzest. Aber wenngleich der Inzest nur ein Gesicht hat, besitzt er sehr unterschiedliche Züge, abhängig von den betroffenen Personen und den verschiedenen Situationen.

Von diesem Gesicht kennt man nur die Härte. Den Sadismus, das Grauen. Das Gesicht des Inzests, dem Alexandra sich gegenübersieht, ist lieb, sanft, voller Zuneigung. Und doch ist es eine gräßliche Maske, die nur einem Zweck dient: der Vergewaltigung eines schutzlosen Kindes.

Alexandra ist sich, so wie andere Opfer, noch nicht im klaren darüber, daß sie mit einer Lüge lebt. Sie glaubt, eine Liebesgeschichte zu erleben, sie glaubt, sie wäre glücklich. Sie irrt sich, aber das ist nicht ihre Schuld. Die Vergewaltigung, der sie zum Opfer gefallen ist, hat sich sehr sanft und ohne Gewalt abgespielt, ohne Erpressung, ohne Schreie.

Glaubte sie anfangs, das alles wäre normal? Vielleicht. Aber ich weiß, daß das Ungeheuer eine hervor-

98

ragende Taktik angewandt hat, um sie zu verführen: Er hat sie manipuliert, sie verzaubert, mit schönen Worten berauscht. Vielleicht hat sie irgendwann an sie geglaubt.

Eins ist jedenfalls sicher: Alexandra kann nicht so weiterleben, weil sie nicht so glücklich ist, wie sie vorgibt.

Wenn ein Opfer ein Verbrechen dieser Art anprangert, wird es allzu oft von Scham erfüllt. Es tut weh, sich zu schämen; die inquisitorischen Blicke der anderen machen einem angst. Ist es da nicht einfacher zu behaupten: »Ich lebe glücklich in dieser Beziehung mit meinem Vater!« Man spricht nicht mehr von Vergewaltigung, sondern von Liebe . . . Schluß mit der Furcht vor dem Morgen, Schluß mit der Scham.

Rückblickend habe ich begriffen, daß es vermutlich ein Hilfeschrei von Alexandra ist. Sie spielt die glückliche Geliebte, in der Hoffnung, daß jemand angewidert aufbegehrt und versucht, sie vor der Hölle zu retten.

Hat sie eine solche Hilfe von außen nötig? Leider bleiben meine Fragen in bezug auf Alexandra unbeantwortet.

»Ich habe seit acht Jahren einen Geliebten. Er ist mein Vater, und es ist alles bestens zwischen uns!« erklärte Alexandra mir an einem Morgen im Mai.

Erst hielt ich mir die Ohren zu, aber dann erklärte ich mich doch bereit, diesem sonderbaren Mädchen zuzuhören, das unbedingt wollte, daß ich seine Geschichte schön fand. Natürlich habe ich ihren Enthusiasmus nicht geteilt. Was sie mir erzählt hat, ist für mich nur ein weiterer Beweis dafür, daß der Inzest die abstraktesten Formen annehmen kann. Das Monstrum ist zu allem fähig. Am extremsten manifestiert es sich, wenn es wie im Fall Alexandras versucht, sich in aller

Legitimität die strahlendsten, zärtlichsten Gefühle anzueignen, die ein junges Mädchen seinem Vater ganz selbstverständlich entgegenbringt. Sein Opfer ist doppelt Opfer, weil es von der Richtigkeit dieser widernatürlichen Beziehung überzeugt ist.

Alexandra behauptet glücklich zu sein mit ihrem Vater als Liebhaber. Keine Abwehr, keine Abscheu. Kein Versuch, ihre Integrität wiederzufinden. Ihre Euphorie im Hinblick auf ihre inzestuöse Beziehung zu ihrem Vater stellt in meinen Augen eine große Gefahr für sie dar. Ihre Geschichte hat mich mehr aufgewühlt als jede vorangegangene.

Alles hat in einem Wartezimmer angefangen.

Einem etwas anderen Wartezimmer. Hier findet kein geflüsterter Austausch über die jeweiligen Wehwehchen statt, die Solidarität der Kinder, das Wetter oder den letzten Urlaub.

In diesem Raum mit den Imitationen mittelalterlicher Gravuren, die die Handwerkszunften von Paris darstellen, an den Wänden sitzen wir zu einigen wenigen Mädchen mit angespanntem Gesicht und gehetztem Blick. Wir halten uns gebeugt, eine Zeitschrift auf den Knien, und tun, als würden wir lesen, um uns entspannt zu geben und vor allem jede Unterhaltung zu vermeiden.

Jede von uns wartet darauf, zum Seelenklempner hereingerufen zu werden.

Ob wir es wollen oder nicht, so ist das nun mal: wenn Ermittlungen in einem Inzestfall aufgenommen werden, ordnet der Untersuchungsrichter an, daß das Opfer von einem auf solche Fälle spezialisierten Psychiater untersucht wird sowie manchmal noch zusätzlich von einem Psychologen. Zwei Urteile sind wohl besser als eins.

Wir, die Klägerinnen, empfinden diese Praktik als eine weitere Prüfung. Die Zweifel an unserer Glaubwürdigkeit sind die wohl verletzendsten. Weil wir nämlich hier sind, um unsere Unschuld zu beweisen, zu beweisen, daß wir nicht verrückt sind, daß wir den Inzest tatsächlich erlebt haben.

Nach Gutachten und Gegengutachten wird das Grauen, das wir durchgemacht haben, gemeinhin anerkannt. Es wird erklärt, wir seien sehr labil, sehr gestört, und daß wir ganz sicher große Schwierigkeiten haben werden, eines Tages zu heiraten und Mutter zu werden. In ihrem Fachchinesisch ziehen die Gewissenstherapeuten einen roten Strich vor unsere Zukunft. Für uns gibt es, wer wir auch sind, nichts zu hoffen außer dauerhafter psychologischer Hilfe. Und so finden wir uns ein- oder zweimal wöchentlich auf der Couch eines Psychotherapeuten wieder, dem wir von unseren Seelenzuständen berichten. Welche Hilfe läßt man uns tatsächlich zuteil werden? Ich weiß es nicht. Es fällt uns schwer zu glauben, daß dieser Fremde, der uns anhört, mit einem Zauberstab den abscheulichen Akt auslöschen kann, der uns zu ihm geführt hat. Mit seinem Gefolge von körperlichen und seelischen Qualen. Und doch reden wir, schütten wir unser Herz vor ihm aus. Der Schmerz bleibt, aber vielleicht gelingt es uns irgendwann, ihn als Weggefährten zu akzeptieren. Einen lästigen, allgegenwärtigen, vergiftenden Weggefährten. Einen Zwangsgefährten.

Als ich an diesem Dienstag das Wartezimmer betrete, begegne ich dem Blick eines Mädchens, von dem ich sicher bin, es hier noch nie gesehen zu haben. Wir grüßen einander zurückhaltend mit einem Blick, mehr nicht. Das ist schon viel. Im allgemeinen widerstrebt es den Stammpatientinnen, sich anzusehen, sich zu grüßen. Wir wissen in etwa, warum wir alle hier sind: Drogenprobleme, Jugendkriminalität, Inzest. Jede hat ihr Päckchen zu tragen. Unnötig, es auszureizen, miteinander zu reden, sich darüber auszulassen.

Aber dieses Mädchen ist anders als wir. Wir tragen Leichenbittermienen zur Schau; sie strahlt. Mit hocherhobenem Kopf scheint sie auf uns Würmchen herabzusehen. Unwillkürlich frage ich mich: »Was macht die denn hier mit ihren glänzenden Augen und dem Strahlen auf dem Gesicht? Was hat sie wohl zu erzählen? Was hat sie angestellt? Wie schafft sie es, so gut damit fertigzuwerden? Was ist das für eine Tussi, die an einem Ort wie diesem Frohsinn verbreitet?«

Der Seelenklempner reißt mich aus meinen Gedanken. Er öffnet die Tür und ruft:

»Alexandra B.!«

Sie steht mit einem strahlenden Lächeln auf. Als die gepolsterte Tür sich hinter diesem geheimnisvollen Mädchen schließt, bleiben der Schwung ihres geblümten Kleides und das entschlossene Klappern ihrer dünnen Absätze auf dem Parkett des Wartezimmers mir noch lange im Gedächtnis haften, wie ein Traum, den man versucht zu entschlüsseln.

Einen Monat sehe ich Alexandra nicht wieder. Aber ihr Gesicht verfolgt mich. Ständig habe ich ihr Lächeln vor Augen, leicht, in der Luft hängend wie das der Katze in *Alice im Wunderland*.

Indem er meine Termine auf einen anderen Wochentag verlegt, führt der Arzt uns unbeabsichtigt wieder zusammen.

An diesem Donnerstag bin ich allein im Wartezimmer. Die Minuten verstreichen zäh. Endlos betrachte ich die

Rosen in der bizarren Vase auf dem niedrigen Tisch, inmitten der Zeitschriften. Es sind keine makellosen Blumen ohne Dornen, wie man sie im Blumenladen bekommt, sondern ganz offensichtlich Rosen aus dem Garten. Drei Knospen mit verschrumpelten, an den Rändern braun verfärbten und ungleichmäßig gezackten Blättern heben sich von ihren erblühten Schwestern ab, die einen süßlichen Duft im Raum verströmen. Ich stelle mir vor, wie unser Psychiater – vielleicht lebt er auf dem Land? – mit kleinen Schritten durch einen Garten geht, eine Rosenschere in der Hand, um eine duftende Ernte für seine Praxis einzubringen. Es sei denn, daß seine Frau ihre diversen Rosenarten schneidet, gießt und pflegt, während er sich unsere Leidensgeschichten anhört, daß sie ihm Sträuße zusammenstellt, damit er bis zum Abend an sie denkt. Dieser Mann weiß alles von uns, und wir wissen nicht das geringste von ihm. Diese Rosen verraten ihn ein wenig. So wenig.

An diesem Punkt bin ich gedanklich angelangt, als sie hereinkommt: Alexandra! Sie trägt ein schwarzes Trägerkleid, das ihre honigfarbenen Schultern zur Geltung bringt. Wie schön sie ist, und wie wohl sie sich offensichtlich in ihrer Haut fühlt! Niemals würde ich es wagen, zu meinen Terminen ein solches Kleid zu tragen! Aus Angst, der Psychiater könnte mich als aufreizend einstufen. Aus Furcht, meinen befleckten Körper zu zeigen. Aber das scheint Alexandras geringste Sorge zu sein. Das Gespräch mit dem Psychiater scheint sie nicht im mindesten zu beunruhigen.

Sie hat ihr volles Haar hochgesteckt. Ein Teil wird von einer Haarklammer gehalten, ein anderer fällt ihr in wilden Locken um das Gesicht. Von der Sonne ausgebleicht, weisen die Strähnen die verschiedensten Farbnuancen auf. Mich erinnern sie an reifen Weizen.

Alexandra hat sich die Lippen nicht geschminkt. Sie hat sehr volle Lippen, die Mundwinkel deuten leicht nach oben. Ein ganz natürliches Lächeln. Lidschatten hebt ihre grünen, strahlenden Augen und deren aufreizende Fröhlichkeit hervor.

Wie alt mag sie sein? 16 oder 17 . . . Ich darf mich nicht von ihrer geringen Größe und ihrem puppenhaften Aussehen täuschen lassen.

Und jetzt wünscht dieses Mädchen, das mir solche Rätsel aufgibt, auch noch freundlich guten Tag und lächelt dabei! Ich erwidere den Gruß etwas zurückhaltend. Aber wenn ich mehr über sie erfahren möchte, ist das der richtige Anfang.

Leider werde ich hereingerufen, um meine Qualen analysieren zu lassen. Wir wechseln einen bedauernden Blick. Die Vertraulichkeiten werden warten müssen.

Am folgenden Donnerstag ist sie schon vor mir da. Bevor sie im Behandlungszimmer des Psychiaters verschwindet, flüstert sie mir zu:

»Hier kommen wir nie zum Reden. Ich warte im Café gegenüber auf dich. Komm nach, wenn du fertig bist, okay?«

Bei ihr dauert das Ganze eine halbe Stunde. Ich muß eine volle Stunde die Hölle durchmachen. Hinterher, Tränen in den Augen, völlig durcheinander, mein Innerstes nach außen gekehrt, hätte ich meine Verabredung mit Alexandra beinahe vergessen.

Aber sie ist da, sitzt an einem Tisch draußen auf der Terrasse des Cafés, das Gesicht genießerisch der Frühlingssonne zugewandt. Ein Anblick, der mich von meinen inneren Qualen befreit. Auch ich habe Lust, mich in der Sonne zu entspannen, mich von ihr wärmen zu lassen.

Ich lächle meine neue Freundin an:

»Eben hattest du noch keine Sommersprossen. Sie sind in der Zeit, die du auf mich gewartet hast, rausgekommen. Steht dir gut!«

»Findest du? Ich weiß nicht. Ich finde, mit den Sommersprossen sehe ich aus wie ein kleines Mädchen. Das nervt. Aber was soll's, so ist das eben!«

Wir besprechen unsere kleinen ästhetischen Probleme, als hätten wir sonst keine Sorgen. Als wären wir uns nicht »drüben« begegnet, im Wartezimmer einer Praxis, in der wir, wie wir beide sehr wohl wissen, Woche für Woche in den Scherben unserer Jugend wühlen.

»Hast du einen Freund?« fragt Alexandra mich unvermittelt und mustert mich dabei eindringlich.

Ich hätte es vorgezogen, die Fragen anzugehen, die mir auf der Zunge liegen: »Warum gehst du zum selben Arzt wie ich?«, »Welche Geheimnisse lädst du bei ihm ab?«, »Warum berührt dich das alles scheinbar so wenig?« . . .

Aber ich bin ihr doch dankbar, daß sie der aufgesetzten Unbekümmertheit ein Ende macht, die wir bis dahin zur Schau getragen haben, daß sie sich traut, dem banalen Gespräch ein Ende zu machen, bei dem wir uns seit 20 Minuten im Kreis gedreht haben. Ich stammle:

»Ja, ich habe seit zwei Jahren einen Freund. Das heißt, er ist mehr als ein Freund.«

»Dann ist es also ernst.«

»Das hoffe ich doch. Und du?«

Als ich diese zwei Worte sage, habe ich das ungute Gefühl, ein Sesam-öffne-dich auszusprechen, das mir Zugang zu verbotenem Terrain verschaffen wird. Zu etwas, woraus man nicht unbeschadet wieder herauskommt. Was provoziere ich Vertraulichkeiten, die mich verletzen, mich noch ein wenig mehr zerstören könnten?

Alexandra zögert:

»Ach, bei mir das ist eine lange Geschichte . . .«

Ich könnte schwören, daß sie es kaum erwarten kann, ihre Geschichte zu erzählen. Sie hat mich auf diesen Kurs gebracht, und ich bin ihr brav gefolgt. Offenbar ziert sie sich nur der Form halber ein wenig. Also hake ich nach:

»Willst du nicht darüber sprechen? Komm schon, erzähl. Tu mir den Gefallen.«

Aber nein, Alexandra verschließt sich wie eine Auster. Jetzt reden wir über unsere Studien, über Bücher, die wir gelesen haben und über Filme, die wir uns gern ansehen möchten. Kein Wort mehr von Beziehungen.

Ich bin nicht wirklich enttäuscht. Ich zögere, die Geheimnisse meines Lebens diesem Mädchen anzuvertrauen, das ich kaum kenne, und ich ziehe es vor, auch nicht in ihre Geheimnisse eingeweiht zu werden.

Am folgenden Donnerstag finden wir uns vor dem schon traditionellen Menthe mit Wasser wieder, nach einer Sitzung intimer Geständnisse bei unserem gemeinsamen Psychiater. Hoppla! Alexandra scheint diesmal weniger fröhlich.

Und tatsächlich, kaum haben wir bestellt, sagt sie wütend:

»Warum hast du mir nichts gesagt?«

Ihre anklagenden Worte sind für mich wie eine kalte Dusche. Ich überlege fieberhaft. »Was weiß sie von mir? Was hat sie erfahren? Welches Geständnis versucht sie, mir zu entlocken?« Die Fragen überstürzen sich. Ich wage mich vor:

»Was nicht gesagt?«

»Stell dich nicht dumm. Dein Buch! Du hättest mir sagen können, daß du ein Buch geschrieben hast. Ich habe es heute morgen in der Buchhandlung gesehen. So etwas ist doch wichtig genug, daß man darüber spricht, oder? Ich dachte, wir hätten uns angefreundet. Du läßt mich von Gott und der Welt erzählen, während es in deinem Leben etwas so Bedeutendes zu berichten gibt! Ein Buch!«

Seltsamerweise scheint Alexandra weniger schokkiert vom Thema meines Buches als von meiner Diskretion. Als hätte ich in meinem Buch eine völlig banale Geschichte erzählt.

Defensiv entgegne ich:

»Ich habe nicht davon gesprochen, weil es kein gewöhnliches Buch ist. Dann hätte ich dir auch erzählen müssen, daß in meinem Leben ein Riesenchaos herrscht . . . Daß mein Vater mich von meinem zwölften Lebensjahr an über Jahre vergewaltigt hat! Du hast das begriffen und bist davon nicht erschüttert? Was bist du denn für ein Mensch?«

Alexandra hört mir gelassen zu. Sie wartet, bis ich mich wieder beruhigt habe, und sagt dann in möglichst neutralem Tonfall:

»Ich verstehe nicht, warum du ein solches Drama daraus machst.«

Ich denke: »In Ordnung! Sie versucht, mich zu trösten.« Und doch, obwohl ich mir selbst einreden will, daß das der Grund für ihre Ruhe ist, kommt mir ihre Haltung merkwürdig vor. Ich springe ins kalte Wasser:

»Du willst mir etwas zu verstehen geben. Rede nicht um den heißen Brei herum. Spuck's aus.«

»Du wirst es vielleicht nicht verstehen.«

»Ach! Ich bin doch gar nicht so viel anders als du, oder? Ich denke, ich bin in der Lage, verdammt viel zu verstehen.«

»Vielleicht eben nicht. Was, wenn ich dir sage, daß auch ich eine sexuelle Beziehung mit meinem Vater habe und glücklich bin, daß er mein Liebhaber ist?«

Ein gähnender Abgrund tut sich vor mir auf.

Ich stehe schwankend auf und entfernte mich wortlos von unserem Tisch. Ich fliehe vor dem Teufel. Mein Leben, dem ich wieder einen Sinn geben wollte, das zu reparieren mir so schwer fällt, explodiert in meinem Kopf. Mir ist schlecht, ich möchte mich verkriechen. Ich möchte taub, stumm und blind werden. Ich fühle mich betrogen und zittere vor Wut. Vor Ekel. Ich werde Alexandras Anblick nie wieder ertragen können.

Ich gehe nach Hause, um mich unter die Bettdecke zu flüchten, mich vor allem und jedem verstecken. Ich bekomme nichts herunter außer einer Lexomil, die mich bis zum nächsten Morgen in traumlosen Schlaf fallen läßt.

Beim Aufwachen geht mir als erstes dieser grausame, schmerzliche Satz durch den Kopf: »Mein Vater ist mein Liebhaber, und ich bin glücklich darüber!« Stunden beherrscht der Satz meine Gedanken wie ein Leitmotiv. Er wird mich nie wieder loslassen, wenn ich meine Beziehung zu Alexandra dabei belasse. Ich muß mich bemühen, das Inakzeptable zu verstehen. Um hoffentlich davon befreit zu werden. Und um vielleicht auch diejenige zu befreien, die zu hassen ich einfach nicht fertigbringe, diese Beinahe-Freundin, diese Beinahe-Schwester.

Alexandra ist wie ich ein bewußtes Wesen aus Fleisch und Blut. Sie hat sich getraut, mir ihre Situation und ihre Gefühle zu gestehen. Vielleicht ist ihr scheinbares Glück nur eine Täuschung. Vielleicht sitzt sie in der Falle und ihr Geständnis war ein Hilferuf.

Ich nehme mir vor, der Konfrontation mit Alexandra am kommenden Donnerstag nicht auszuweichen. Wenn nötig, werde ich sie sogar provozieren.

Leicht gesagt! Am Abend vor meinem Termin beim Psychiater wird mir bereits ganz schlecht bei dem Gedanken an das Wiedersehen mit meiner Pseudofreundin. Am Morgen bin ich nur noch ein Schatten meiner selbst, und als ich sie vor unserem gewohnten Menthe mit Wasser sitzen sehe, werde ich beinahe ohnmächtig.

Und doch setze ich mich. Während ich mich noch, die Kehle wie zugeschnürt, abmühe, mich an die Sätze zu erinnern, die ich mir zurechtgelegt habe, um das Thema zur Sprache zu bringen, sagt Alexandra mit sanfter Stimme:

»Ich wette, du begreifst überhaupt nichts von dem, was ich dir vergangene Woche gesagt habe. Wahrscheinlich bist du sogar sauer auf mich, stimmt's?«

Ich greife nach der Rettungsleine, die sie mir zuwirft:

»Du glaubst, ich könnte böse auf dich sein? Dein Verhalten wäre unverständlich? Verdammenswürdig? Es stimmt. Genau das denke ich. Aber ich nehme mir nicht das Recht heraus, dir böse zu sein. Du tust mir leid. Du stehst für das, wogegen ich seit Jahren ankämpfe. Mein Vater wollte dem Grauen, das er mir auferlegt hat, den Schein der Normalität geben. Das hat mich noch mehr verletzt. Es ist leicht, einem Kind seinen Standpunkt aufzuzwingen. Ein Kind glaubt, daß Erwachsene immer recht haben, erst recht der eigene Vater. Aber daß du in deinem Alter immer noch bei dieser abscheulichen Täuschung mitspielst!«

»Urteile nicht zu schnell! Laß mich dir erklären. Bei mir ist es anders. Mein Vater ist ein wunderbarer Mensch.

Er hat mich nie zu etwas gezwungen, mich nicht geschlagen. Ich habe dein Buch gelesen. Es war richtig von dir aufzubegehren: Dein Vater hat dich mißhandelt. Meiner tut das nicht, das kann ich dir versichern. Er ist sanft und zärtlich und vor allem unglaublich komisch.«

»Aber Alexandra, es ist doch bekannt, daß viele Männer, die sich des Inzests schuldig machen, die sanfte Masche anwenden. Das sind die Schlimmsten. Sie schläfern ihr Opfer ein, lähmen seine Abwehr. Sie sagen: ›Ich tue nichts Böses, weil ich keine Gewalt anwende.‹«

»Laß mich ausreden. Mein Vater ist anders als die anderen. Wir haben uns schon immer besonders nahe gestanden. Als ich noch klein war, hat er sich um mich gekümmert. Meine Mutter, die ständig unter Depressionen litt, war in ihren Neurosen gefangen. Ich litt mit ihr und fürchtete mich vor allem. Mein Vater machte mir Mut. Er war immer da, um mich zu beschützen. Er war es, der mich abends ins Bett brachte und mir Geschichten erzählte. Er half mir, meine Furcht vor der Nacht zu überwinden. Er war es, der mich morgens für die Schule anzog. Wenn er mir über die Haare oder die Wange strich, war ich überglücklich, erfüllt von Zärtlichkeit. Ich hätte alles für ihn getan.«

»Und das hast du ja auch. Aber weißt du, Alexandra, man braucht nicht mit seinem Vater zu schlafen, um ihm zu beweisen, daß man ihn lieb hat. Es war ganz natürlich, daß dein Vater sich um dich kümmerte, da deine Mutter dazu nicht in der Lage war. Es ist nur normal, daß er dich getröstet, zu Bett gebracht und geküßt hat. Alle Väter kümmern sich mehr oder weniger um ihre Kinder. Aber nur die abnormalen schlafen auch mit ihnen. Entschuldige bitte meine Offenheit, aber wach endlich auf, Alexandra!«

»Mein Vater ist nicht ›abnormal‹. Wenn du ihn kennen würdest, fändest du ihn super. Unsere Beziehung ist so intensiv! Sie ist stärker als alles andere, glaub mir.«

»Dann hätten eure Gefühle euch schützen und davor bewahren müssen, euch ins Unglück zu stürzen.«

»Aber das, was zwischen uns ist, ist nicht schlecht. Und überhaupt, wenn jemand Schuld hat, dann ich. Mit 14 fühlte ich mich unwiderstehlich zu meinem Vater hingezogen. Wenn ich aus der Schule kam und ihn begrüßte, brachte mich seine Nähe ganz durcheinander. Es war ein unbeschreibliches Gefühl. Abends, wenn er kam, um mir gute Nacht zu wünschen, durchströmten Wellen wohliger Wärme meinen ganzen Körper. Ich sehnte mich danach, daß er mich in die Arme nahm und lange, lange festhielt. Ich wünschte es mir so verzweifelt, daß mir die Tränen in die Augen traten. Es war mehr als Zuneigung, die ich meinem Vater entgegenbrachte, Nath, es war Liebe. Und er hatte sie verdient.«

»Auch wenn du auf die falsche Bahn geraten bist – was in der Pubertät vorkommt – wäre es die Pflicht deines Vaters gewesen, dich auf den rechten Weg zurückzuführen.«

»Das hat er ja versucht. Ich bin sicher, daß er sehr bald die Veränderungen an mir bemerkt hat. Und er hat mich noch lange behandelt wie ein kleines Mädchen. Sein kleines Mädchen. Das machte mich rasend. Meine Gefühle waren wie ein Wahn. Mal machten sie mich glücklich, redselig, überschwenglich. Dann wieder zog ich mich in mich selbst zurück, in ein so lastendes Schweigen, daß ich jeden Geschmack am Leben verlor.«

»Dein Vater hätte dich dazu bringen müssen, einen Psychiater aufzusuchen. Ich sage es noch mal, für mich waren das nur pubertäre Wirrungen.«

»Aber nein, Nathalie, es war viel mehr. Es kommt sicher nicht oft vor, aber so ist es! Der Beweis ist, daß unsere Liebe immer noch intakt ist, trotz der Jahre und der Prüfungen. Eines Tages hat uns die Kraft unserer Leidenschaft überwältigt. Wir haben keiner Worte bedurft. Ein Blick, und unsere Phantasien haben einander erkannt, akzeptiert, angezogen. Wir haben uns geliebt, ganz natürlich. Es war echte, reine Liebe.«

»Erzähl mir nichts von Reinheit! So etwas nennt man Inzest. Das ist gesetzlich verboten. Und noch lange nicht streng genug!«

»Ich weiß. Aber das Gesetz müßte Ausnahmefälle berücksichtigen.«

Alex macht plötzlich einen traurigen, müden Eindruck. Weil es ihr schwerfällt, ihren Standpunkt zu verteidigen? Oder weil der Mut, den sie aufgebracht hat, sich vor mir zu entblößen, sie erschöpft hat? Nachdem sie mein Buch gelesen hatte, hatte sie geahnt, wie ich reagieren würde; trotzdem hat sie sich getraut. Ein Freundschaftsbeweis? Oder will sie ihre scheinbare Selbstsicherheit in bezug auf ihre Grenzsituation auf die Probe stellen und auf diese Weise festigen?

Ist sie verunsichert? Ich nutze die Gelegenheit, weiter vorzudringen. Um sie zu retten.

»Ich versuche, objektiv zu bleiben, Alex. Ich würde dich ja gern verstehen. Aber das ist einfach unmöglich. Du schneidest dich selbst vom Leben ab, vom Glück. Im übrigen hast du es selbst gesagt: Ihr habt Probleme. Muß nicht immer ganz leicht sein, eure Situation. Wenn du zum Psychiater gehst, bedeutet das wohl, daß alles rausgekommen ist. Irgendwann wirst du begreifen, daß ihr, dein Vater und du, gegen die heiligsten menschlichen Gesetze verstoßt, gegen die Grundregeln.«

»Das kümmert uns nicht! Es stimmt, unsere Beziehung ist aufgeflogen. Meine Tante hat sich eingemischt. Sie war entsetzt, so wie du. Und dabei wußte sie, wie nahe wir uns stehen. Sie hat uns aufgefordert, Schluß zu machen, aber wir haben uns geweigert. Jetzt erpreßt sie uns. Sie zwingt mich, den Psychiater aufzusuchen, um mich zu ›heilen‹, wie sie sagt. Unter dieser Bedingung wahrt sie unser Geheimnis. Noch. Tatsächlich glaube ich, daß sie vor allem verhindern will, daß alle mit dem Finger auf unsere Familie zeigen. Sie ist überzeugt davon, daß ich meinen Vater früher oder später aufgeben werde. Sie irrt sich. Wir werden kämpfen, mein Vater und ich. Wir werden nicht zulassen, daß jemand unsere Beziehung zerstört.«

»Was für eine Beziehung, Alex? Nicht einmal ein Tier begeht Inzest; sein Instinkt hält es davon ab. Deine Tante hat recht. Sie will dich retten; hör auf sie. Komm zu dir. Dann bekommst du wieder einen richtigen Vater, und sehr bald die Möglichkeit, schöne Liebesgeschichten zu erleben. Willst du denn keine Jungen kennenlernen?«

»Andere Männer interessieren mich nicht. Und dabei hätte ich Gelegenheiten genug.«

»Und du hast dich nie zu anderen Männern hingezogen gefühlt? Du gestattest es dir nicht, das ist es. Oder dein Vater erlaubt es nicht.«

»Aber nein! Verwechsle deine Geschichte nicht mit meiner. Ich kann tun und lassen, was ich will, und ich fühle mich wohl dabei. Ich könnte mir nichts Schöneres vorstellen als das, was mich und meinen Vater verbindet. Warum sollte ich mich anderweitig umsehen? Ein Junge meines Alters könnte mich ganz sicher nicht reizen. Ich lebe unter idealen Bedingungen, das kann ich dir versichern.«

»Nein, unter den schlimmsten! Er ist dein Vater, Himmel noch mal! Das ist doch nicht normal!«

»Normal oder nicht, das ist mir gleich. Wir sind glücklich und schaden niemandem. Also besteht kein Grund, etwas zu ändern. Jeder hat das Recht auf Glück, gleich auf welche Weise er es findet. Ich weiß, daß du Inzest unter entsetzlichen Bedingungen erlebt hast. Deine Geschichte ist traurig, das gebe ich zu. Ich respektiere deinen Kampf. Warum respektierst du nicht den meinen? Es war richtig von dir, dich für die Freiheit zu entscheiden. Ich verlange, daß man mir die meine läßt.«

»Aber ist dir denn klar, was das für dein Leben bedeutet? Du wirst dich immer verstecken müssen. Du wirst nie Kinder haben, kein Familienleben, keine Freunde. Du bist eine Außenseiterin. Dein Vater könnte ins Gefängnis kommen, wenn eure Geschichte bekannt würde. Entschuldige, wenn es dir hart vorkommt, aber meiner Ansicht nach müßte er längst hinter Gittern sitzen.«

»Sag so etwas nicht. Und was meine Zukunft anbelangt, habe ich nie behauptet, daß mein Vater der einzige Mann in meinem Leben sein wird! Natürlich werde ich Kinder haben. Später . . . Ich habe Zeit. Im Augenblick genieße ich kostbare Momente mit meinem Vater. Ich schmiede keine Pläne. Ich lebe. Die Dinge werden sich von ganz allein entwickeln.«

»Du wirst deine Vergangenheit mit dir herumschleppen wie eine Eisenkugel. Wenn du dich eines Tages in einen anderen Mann verliebst, wirst du ihm dann gestehen können, daß du jahrelang mit deinem Vater geschlafen hast und es dir Spaß gemacht hat?«

»Warum sollte ich ihm alles erzählen? Man erzählt nie alles. Das Wichtigste ist, mit sich selbst im reinen zu sein. Und das bin ich. Ich leide nicht. Ich fühle mich nicht verletzt und glaube kaum, daß ich später an einem Trauma leiden werde, sei es auch nur unterbewußt.«

Die Würfel scheinen mir unwiderruflich gefallen zu sein. Alex wird keinen Zentimeter nachgeben. Da mir nichts anderes mehr einfällt, stelle ich fast automatisch eine letzte Frage.

»Und was ist mit deiner Mutter?«

»Meine Eltern haben sich vor Jahren getrennt. Für mich waren sie nie wirklich ein Paar. Ich finde, daß Papa sehr lieb zu ihr war. Er hat sie erst verlassen, als sie soweit war, allein zurecht zu kommen. Er hat seine Pflicht getan. Das Leben muß zeitweise sehr hart für ihn gewesen sein.«

Ich möchte hinzufügen »Für sie auch«, verkneife es mir aber. Alexandra ist für mich unerreichbar, gefangen in ihrer Geschichte, hinter ihren Schutzwällen verschanzt. Ich könnte sie stundenlang schütteln wie einen Pflaumenbaum, ihr tausendmal wiederholen »Es ist falsch! Es ist falsch!«, ohne etwas zu erreichen.

Ich habe es vorgezogen, Alexandra aus meinen Gedanken und aus meinem Leben zu verbannen. Ich habe meine Termine auf einen anderen Wochentag legen lassen. Ich habe die Gründe hierfür sogar meinem Psychiater erklärt, damit er eine neuerliche Begegnung vermeidet. Aber dieses Mädchen geistert immer noch in meinem Kopf herum. Beharrlich und störend. Wie eine Kränkung.

Estelle

»Estelle, beruhige dich, dieses Theater ist doch unsinnig!«

Der alte Mann legt die Stirn in Falten, gestikuliert mit den Armen, dreht sich im Kreis, hilflos, da er nicht an die Furie herankommt, die in rasender Wut mit den Fäusten auf die Wohnzimmerwand einhämmert. Schon zeigen sich auf dem Rankenmuster der altmodischen Tapete Nagelspuren.

Der 15jährigen Estelle klebt das blonde Haar im Gesicht, und sie zittert wie Espenlaub. Nichts scheint die Zuckungen dieses zierlichen Körpers stoppen zu können.

Jetzt brüllt sie und tritt nach allen Seiten:

»Faß mich nicht an, Großvater! Geh weg! Ich hasse dich! Ich hasse euch alle!«

»Das ist ja unglaublich!« schimpft ihre Großmutter. »Dein Benehmen ist unmöglich! Wir kümmern uns um dich, seit dein Vater weggegangen ist, und das ist der Dank? Du redest nur mit uns, wenn es unvermeidlich ist. Du weigerst dich zu essen, und wenn wir versuchen, dich zur Vernunft zu bringen, reagierst du immer gleich: mit einem Nervenzusammenbruch! Wenn du nicht gleich in Ohnmacht fällst! Wir dachten, du wärst krank: vielleicht die Folge des Todes deiner Mutter. Aber dieses Unglück liegt jetzt vier Jahre zurück, und es schien doch, als hättest du wieder Geschmack am Leben gefunden. Im übrigen fehlt dir nichts, das hat der Arzt bestätigt. Wir werden noch glauben, du wärst verrückt, mein kleines Mädchen!«

»Verrückt! Verrückt!« grummelt der großgewachsene alte Mann und verläßt das Zimmer.

Vom Nebenzimmer aus ruft er an.

»Ist da das Krankenhaus? Schicken Sie bitte schnell einen Krankenwagen. Meine Enkelin hat einen Tobsuchtsanfall.«

Im Hof des Krankenhauses tragen die Sanitäter Estelle auf einer Trage zwischen den Beeten mit verblühten Blumen hindurch. Sie haben sie in eine Zwangsjacke gesteckt. Dabei hat sie den Kampf längst aufgegeben. Das Beruhigungsmittel, das man ihr bei den Großeltern verabreicht hatte, bevor man sie in den Krankenwagen lud, hatte nicht unerheblich dazu beigetragen. Den Rest haben Erschöpfung und Entmutigung besorgt.

Man legt das unförmige Paket auf ein Bett mit Rollen. Das Schlingern ist zu stark. Estelle schlägt die Augen auf. Ihre gewöhnlich strahlendblauen Augen wirken erloschen, tot, leer. Ihr Blick bleibt weder auf den Gesichtern haften, die um sie herumtanzen, noch auf den verblaßten Plakaten an den vorbeihuschenden Wänden. Das grelle Licht der Deckenbeleuchtung blendet sie und zwingt sie, mühsam zu blinzeln. Türen werden krachend aufgestoßen, weiße Kittel streifen sie. Die Berührung des gestärkten Stoffes ist ihr unangenehm.

Das Stimmengemurmel wird plötzlich gedämpft. Estelle befindet sich in einem Fahrstuhl. Die Fahrt nach oben nimmt kein Ende, und ihr dreht sich der Magen um. Wenn sie sich doch nur bewegen könnte!

Das Geräusch einer leise aufgleitenden Tür. Wieder das Schnurren der Rollen auf Linoleum. Gerüche wehen vorbei. Nach Alkohol, Urin, Tod. Unter den Fingern fühlt Estelle den rauhen Stoff ihres engen, beklemmenden Gefängnisses. Wann wird dieser Alptraum endlich ein Ende haben?

Ihre Rolltrage wird durch eine Tür geschoben, hält an.

»Ihr Zimmer!« sagt eine ausdruckslose Stimme.

Das Zimmer kommt ihr kalt vor. Ebenso das Bett, auf das man sie wenig behutsam legt. Ein schmales Bett mit harter Matratze und Metallgestell.

Zwei Krankenschwestern inspizieren jeden Winkel des Zimmers. Was suchen sie? Was fürchten sie? Daß Estelle sich das Leben nehmen könnte, falls ihr ein geeignetes Hilfsmittel in die Hände fiele? Aber nein, dazu war sie gar nicht in der Lage. Dazu fehlte ihr die Kraft. Der Mut. Der Wunsch.

Langsam läßt das Mädchen den Blick durch den Raum schweifen. Ein Waschbecken und eine Toilette in einer Ecke. Ein Plastikstuhl vor dem Fenster, dessen Kathedralglas die blassen Sonnenstrahlen dieses Wintermorgens filterte. Sonst nichts. Eine Welt, so nackt wie ihre Verzweiflung.

Endlich. Die Krankenschwestern machen sich daran, Estelle zu befreien. Ihre steifen Glieder können sich nur schwer entspannen. Ein Bein bewegen . . . es wiegt drei Tonnen. Den Arm heben . . . es kommt ihr vor, als wäre er aus Stahl. Übermenschliche Anstrengungen. Estelle ist so erschöpft, daß sie nach diesen wenigen Versuchen wieder in einen von düsteren Träumen gestörten Schlaf fällt. Ein Wald . . . es ist Nacht . . . das junge Mädchen möchte davonlaufen, aber seine Knie lassen sich nicht beugen. Es stürzt, versucht, über das feuchte Laub zu kriechen. Plötzlich reißt die Erde mit einem entsetzlichen Krachen auf. Kein Ast, nichts, woran es sich festhalten könnte. Ein gähnender, bodenloser Abgrund verschluckt Estelles verrenkten Körper.

Niemand kommt, als sie beim Aufwachen brüllt vor Entsetzen. Sie möchte aufstehen, sich den Schweiß vom Gesicht waschen, der ihre Stirn bedeckt und in ihren Augen brennt. Kein Handtuch in der Waschecke. Sie möchte sich das unförmige Krankenhausnachthemd, das klamm vom Schweiß ist, ausziehen und in weiche Unterwäsche schlüpfen. Früher hat ihre Mutter sie so getröstet, wenn sie einen Alptraum hatte. Zwei dicke Küsse, ein Streicheln über ihre Stirn und ein frischer Schlafanzug, in den diese sanfte Frau den fiebrigen Körper ihrer kleinen Tochter hüllte, und Estelle schlief befreit wieder ein.

»Mama, Mama, komm mich holen . . .«

Seit einer Woche kommt täglich ein Mann und setzt sich an Estelles Bett.

»Ich bin Psychiater, du kannst ganz frei mit mir sprechen. Du mußt dich befreien, Estelle. Etwas erstickt dich, erdrückt dich. Du kannst eine solche Last nicht in dir behalten. Vertrau mir, und du wirst wieder gesund, Estelle.«

Estelle hört die Worte, ohne sie aufzunehmen, ohne jede Reaktion. Abwesend.

Der Mann bedrängt sie nicht und zieht sich leise zurück.

Heute hat die Kranke zum erstenmal den Wunsch herauszufinden, wer diese Worte sagt, die so freundschaftlich klingen. Sie richtet sich in ihrem Bett auf, stützt sich gegen das Kopfkissen.

Der Mann ist noch jung, groß, mit rundem Gesicht und sympathischen Zügen. Sein offener, besänftigender Blick ist sehr aufmerksam. Sein braunes, lockiges Haar bewegt sich leicht, als er spricht:

»Guten Tag, Estelle. Du bist also endlich bereit, mich anzuhören. Das freut mich wirklich sehr. Ich bin hier, um dir zu helfen. Ich weiß, daß du Probleme hast und es dir schwer fällt, über das zu sprechen, was dich quält. Aber du wirst sehen, zu zweit ist es leichter. Du wirst es schaffen. Willst du es versuchen?«

»Ich habe keine Lust zu reden . . .«

Estelle hat seit Tagen kein Wort mehr gesagt. Überrascht lauscht sie dem Timbre ihrer Stimme, die sie kaum wiedererkennt. Zu heiser, um ihre eigene Stimme zu sein. Metallisch, brüchig.

Sie versucht es noch mal.

»Warum stellen Sie mir Fragen?«

Ja, sie ist es, die diesen Satz sagt. Aber was sollte sie noch sagen?

»Wenn du dich weiter in deinem Schmerz einschließt, wirst du es nie schaffen, da rauszukommen, Estelle. Die einzige Lösung ist die Kommunikation. Gib dir einen Ruck, bitte. Ich versichere dir, daß du dich hinterher besser fühlen wirst.«

Der Mann lächelte aufmunternd. Vergebliche Mühe. Sie fühlt sich so distanziert.

»Das könnte ich niemals. Nein, das schaffe ich nie. Sie können ja nicht wissen . . .«

»Doch, ich kann . . . ich kann dir sogar helfen. Du mußt nur daran glauben, meine Kleine . . .«

»Unmöglich! Überhaupt stecken die Worte in mir fest. Sie werden nicht rauskommen, klar? Das ist doch nicht so schwer zu verstehen, oder?« regt Estelle sich auf.

»Weißt du, ich verlange gar nicht von dir, daß du mir

gleich heute dein ganzes Leben erzählst. Wir haben Zeit. Zeit, uns kennenzulernen. Zum Beispiel . . . wie alt bist du?«

»Fünfzehn.«

»Gehst du zur Schule?«

»Seit einigen Monaten nicht mehr.«

»Und warum, Estelle?«

»Die Lehrer haben mir vorgeworfen, nicht am Unterricht teilzunehmen. Sie haben mich andauernd nur ausgeschimpft. Sie erteilten mir Befehle, drohten mir. Ich konnte es nicht mehr ertragen, sie schreien und auf mir herumhacken zu hören. Ich wollte ihnen nicht mehr gehorchen.«

»Und warum wolltest du nicht mehr gehorchen? Warum haben die Befehle dich so schockiert?«

Estelle wendet den Blick ab und sieht zum Fenster. Sie preßt die Lippen so fest aufeinander, daß sie sich weiß verfärben.

Der Mann versucht es noch mal.

»Wer hat dir außer den Lehrern noch Unerträgliches befohlen? Wer hat dir gedroht?«

Estelle hört sich leise antworten.

»Mein Großvater. Mein Großvater, den ich hasse. So, sind Sie jetzt zufrieden?«

Estelle bricht in Tränen aus und vergräbt das Gesicht im Kopfkissen. Eine Hand streichelt ihr Haar.

»Ruh dich aus. Wir belassen es für heute dabei. Ich komme morgen früh wieder, und dann setzen wir unsere Unterhaltung fort, wenn es dir recht ist.«

Estelle nickt. Ja, es ist ihr recht. O ja! Das Entsetzen muß aus ihr heraus. Sie ist müde, sie hat Kopfschmerzen, ihre Erinnerung schmerzt. Aber es muß alles raus. Drei Jahre hat sie eingeschlossen in ihrem Geheimnis gelebt. Drei Jahre hat sie geschwiegen, geknebelt. Vielleicht hatte sie nicht mehr das Recht zu leben, wenn sie redete . . . Aber das Dasein, das sie die letzten drei Jahren geführt hat, ist kein Leben mehr. Was spielte es also für eine Rolle? Sie würde reden. Sie würde alles sagen.

»Estelle, erzähl mir von deinem Großvater, ja? Warum wohnst du bei ihm?«

Er ist wieder da. Der Psychiater und seine gräßlichen Fragen. Estelle hatte gehofft, er würde nicht kommen. Es geht ihr gar nicht so schlecht in diesem Bett. Allein, ganz allein. Isoliert von ihrer Familie und der Welt. Warum verlangt man von ihr zu reden? Warum muß sie sich den Schmerz, die Scham in Erinnerung rufen? Wenn sie sie doch nur in Frieden lassen würden!

Und wenn Reden ihr wirklich helfen könnte, aus dem Tunnel herauszukommen? Wenn der Psychiater recht hätte?

»Meine Mutter ist vor vier Jahren an Krebs gestorben. Ich war sehr traurig, aber mir war am Anfang nicht klar, wie sehr sie mir fehlen würde. Sie war die Sanftheit und Zärtlichkeit in Person. Ich hätte mir nie vorstellen können, daß das eines Tages aufhören könnte. Gleich als die ersten Symptome ihrer Krankheit auftraten, wußte ich, daß es ernst war. Ich wollte keine Minute mehr von Mama getrennt sein. Ich habe mich bis zuletzt an sie geklammert und gehofft, sie würde doch noch gerettet werden. Eine neue Behandlungsmethode. Ich las sämtliche medizinischen Fachblätter. Ich vergrub mich auch in weniger wissenschaftlichen Geschichten, die von unerklärlichen Heilungen berichteten. Meine Mutter würde zu den Auserwählten gehören, die gesundeten, nachdem sie bereits ihr Testament verfaßt hatten. Man konnte sie mir nicht wegnehmen. Ich brauchte sie noch so sehr. Als sie trotz meiner Gebete und meiner Versprechungen an Gott, immer brav zu sein, starb, hatte ich einen Haß auf die ganze Welt. Mein Vater war ebenso verzweifelt wie ich. Monatelang haben wir oft gemeinsam geweint. Dann stürzte er sich wieder in die Arbeit, ging wieder auf Geschäftsreisen. Er stellte eine Frau ein, die sich um mich, seine Angelegenheiten und das große Haus kümmern sollte.«

Estelle ist überrascht, wie leicht es ihr gefallen ist, das zu erzählen. Und doch liegt jetzt ein eiserner Ring um ihre Brust und hindert sie daran fortzufahren.

»Erzähl weiter, Estelle. Du weißt ja jetzt, daß Reden dich erleichtert. Hör nicht auf deine Angst.«

»Diese Frau war sehr streng, häßlich. Ich konnte sie nicht leiden, und doch mußte ich nach der Schule mit ihr zusammen sein. Mit ihr langweilte ich mich am Wochenende, wenn Papa von Berufswegen im Ausland war. Und da meine Großeltern väterlicherseits in der Nähe wohnten, flüchtete ich zu ihnen. Meine Großmutter hatte mir nie große Zuneigung entgegengebracht, aber das war mir egal: Ich wollte gar nicht, daß jemand versuchte, meine Mama zu ersetzen. Mein Großvater verstand es, mich zum Lachen zu bringen. Er erzählte mir Geschichten, ging mit mir spazieren. Ich war beinahe glücklich. Ich besuchte ihn immer öfter, damit er mich tröstete und ablenkte. Er half mir, meine Trauer zu vergessen.«

Estelle verzieht angewidert das Gesicht.

»Niemals hätte ich mir träumen lassen, was in seinem Kopf vorging. Wie soll ich sagen? Es gibt Worte, die ich einfach nicht über die Lippen kriege. Gehen Sie! Es ist eine Qual für mich, Ihre Fragen zu beantworten. Lassen Sie mich in Ruhe. Kommen Sie nicht wieder, interessieren Sie sich nicht länger für mich. Ich bin es wirklich nicht wert.«

»Du irrst dich, Estelle. Du wirst die Achtung vor dir selbst und anderen wiederfinden. Und du wirst wieder leben wollen wie alle jungen Mädchen deines Alters. Ich verspreche es dir. Ruh dich aus. Aber ich werde dich nicht fallen lassen.«

An diesem Morgen wartet Estelle. Hoffentlich kommt der Psychiater auch wirklich wieder! Er hatte alles verstanden, dafür würde sie die Hand ins Feuer legen. Und er hatte keine Reaktion gezeigt, hatte sie nicht verachtet, sie, die sich selbst das Recht aberkannt hatte zu leben. Es stimmt, daß sie sich erleichtert fühlt. Das ist neu und so angenehm. Es ist so lange her, seit sie das letzte Mal einem Erwachsenen vertraut hat.

»Guten Tag, Estelle. Sei mir nicht böse: Ich bin da. Wenn du mich nicht sehen willst, gehe ich wieder. Aber ich denke, wir beide sind zu weit gekommen, als daß du jetzt noch davonlaufen könntest. Das Schwierigste hast du hinter dir. Gib nicht mittendrin auf, bitte. Du brauchst dich nicht vor dem Urteil anderer zu fürchten. Du hast dir nichts zuschulden kommen lassen. Du bist krank geworden, weil du zuviel gelitten hast, das ist alles. Du mußt die Klinik geheilt verlassen, von deiner Last befreit. Zögere nicht, sie auf mich abzuwälzen. Dazu bin ich da.«

»Ich glaube Ihnen. Ich werde es versuchen. Es ist so kompliziert. Es gibt da einen Tag, an den ich nicht zurückdenken möchte. Und noch andere. Viele andere, die mir panische Angst machen. Eines Tages . . . ich muß 12 oder 13 gewesen sein . . . wurde mein Vater von seiner Firma für mehrere Monate nach Afrika geschickt. Er hatte es mir als Beförderung dargestellt, die er nicht ablehnen könne, und mir versprochen, mich bald zu sich zu holen. Wir sollten nicht lange getrennt sein. Bis dahin gab er mich in die Obhut meiner Großeltern. Das war nur logisch. Einige Zeit rief er mich zweimal wöchentlich an und sagte immer das gleiche: ›Bald ist alles bereit, dann kann ich dich zu mir holen, meine Kleine.‹ Dann rief er immer seltener an: einmal die Woche, einmal im Monat . . . Er sprach nicht mehr davon, mich zu sich zu holen. Nie mehr . . .«

»Hast du denn keine Erklärung von ihm verlangt?«

»Nein, er sprach immer nur von seiner Arbeit, ich hatte mich bei meinen Großeltern eingelebt. Ich fühlte mich recht wohl dort. Bis . . .«

»Weiter, Estelle.«

»Eines Tages . . . Ich war im Bad und zog mich aus, während ich das Badewasser einlaufen ließ. Ich hörte nicht, wie die Tür geöffnet wurde.«

Estelle schluckt, schließt die Augen.

»Weiter, Estelle.«

»Als ich spürte, daß ich nicht allein war, fuhr ich herum. Es war mein Großvater. Er musterte mich von Kopf bis Fuß. Mich, ganz klein und nackt. Er riesig, mit einem sonderbaren Ausdruck in den Augen. Er sagte, er müsse sich in jeder Hinsicht um mich kümmern, damit ich weniger traurig wäre. Ich schrie. Er wurde so böse, wie ich ihn noch nie erlebt hatte, und drohte, mich in ein Waisenhaus zu stecken, wenn ich ihm nicht gehorchte. Ich war verloren. Ich wußte nicht mehr, was die Welt der Kinder und die der Erwachsenen war. Ich verstand überhaupt nichts mehr. Ich wollte nur, daß meine Groß-mutter uns nicht hörte und mein Vater niemals etwas von dieser Szene erfuhr. Von da an lebte ich in der stän-digen Furcht davor, daß es sich wiederholte.«

»Und so kam es dann auch?«

»Ja, er tat es wieder«, murmelt Estelle. »Mein Großvater kam irgendwann in der Nacht in mein Zimmer. Ich verlor den Boden unter den Füßen. Jedesmal, wenn mein Vater anrief, weinte ich und brüllte: ›Hol mich hier weg! Hol mich hier weg!‹ Mehr konnte ich nicht sagen. Er versuchte, mich zur Vernunft zu bringen, und manchmal wurde er auch böse.«

»Warum hast du ihm nicht die Wahrheit gesagt? Dann hätte er dich sicher nicht bei deinem Großvater gelassen.«

»Ihm sagen, was sein eigener Vater mir antat? Undenkbar. Und dann auch noch am Telefon. Dazu war ich nicht fähig, und das wußte mein Großvater wohl.«

»Ist dir nie der Gedanke gekommen, es wäre vielleicht leichter, deinem Vater davon zu schreiben?«

»Ich habe es Dutzende Male versucht. Diese Worte . . . Ich schaffte es nicht. Und auch wenn ich es geschafft hätte, glaube ich nicht, daß ich den Brief je eingeworfen hätte. Ich bin wortlos untergegangen. Ich sprach mit niemandem mehr, ich aß nicht mehr, in der Hoffnung, daß mein widerlicher Großvater, wenn er mich in diesem Zustand sah, nicht mehr wagen würde, mich anzurühren. Aber es hat alles nichts genutzt. Ich weinte nur noch und mußte mich übergeben, sobald ich die geringste Nahrung zu mir nehmen mußte.«

»Und deine Großmutter? Hat sie denn nichts bemerkt?«

»Meine Großmutter hatte Mitleid mit mir. Das war mir noch unerträglicher. Plötzlich zeigte sie Zuneigung mir gegenüber. Sie versuchte, mich in die Arme zu nehmen, um mich zu trösten. Sie dachte, ich würde noch um meine Mutter trauern. Ich stieß sie zurück, und sie verstand meine Reaktion nicht. Ich hatte mich nicht mehr unter Kontrolle. Ich dachte, ich würde verrückt.

Vermutlich bin ich es wirklich geworden. Und dann brachte man mich hierher. Das Krankenhaus erschien mir grauenhaft, unmenschlich, aber vermutlich war das das Beste, was mir passieren konnte.«

»Was würde dir jetzt Freude machen, Estelle? Denk gut nach . . .«

Freude? Diese Empfindung hat Estelle vergessen. Freude? Plötzlich steigt ein Bedürfnis in ihr auf, sehr stark, unwiderstehlich, all ihre Ängste verdrängend.

»Ich möchte meinen Vater sehen. Ich möchte, daß er mich wegbringt, weit fort von hier. Wenn ich ihn wiederfinde, werde ich wieder gesund.«

Vielleicht ist Estelle geheilt. Aber kann man jemals ganz vom Inzest genesen? Sie wurde aus dem Krankenhaus entlassen. Ihr Vater holte sie dort ab. Ihr Vater, der sich noch lange schuldig fühlen wird wegen des Martyriums, das er seiner Tochter auferlegt hat. Ihr Vater, der sich nie verzeihen wird, die Hilferufe Estelles nicht verstanden zu haben, und der darüber hinaus darunter leidet, einen Menschen aus seinem Leben streichen zu müssen, den er bis dahin sehr geliebt hat, seinen eigenen Vater, der sich der schrecklichsten Infamie schuldig gemacht hat.

Nachdem er den alten Mann wegen »Vergewaltigung einer minderjährigen Blutsverwandten« angezeigt hatte, nahm er Estelle mit nach Afrika. Dort unterzog sie sich einer langen, mühsamen Psychotherapie.

Am Ende des Prozesses, dem zwei Jahre der Ermittlungen vorangegangen waren, wurde der grausame Großvater zu fünf Jahren Gefängnis verurteilt.

Die Geschworenen gestanden ihm mildernde Umstände zu.

Sabine

*Sabine hat darauf bestanden, die Namen
der Personen ihrer Geschichte zu ändern, jedoch
nicht die Ortsnamen, damit die Authentizität
der Ereignisse gewahrt bleibt.
Sie widmet ihr Zeugnis ihrer Pflegefamilie.*

Sabine sitzt in einem sonnigen Zimmer in Bayonne, ihr
Kind in den Armen. Ein winziges vier Monate altes
Baby, das lächelt, brabbelt und aus seinen großen hellen Augen das Licht betrachtet, das durch die Vorhänge fällt. Ein Wunderkind, ein gesegnetes Kind, ein Kind
der Hoffnung.

»Die Geburt Davids war auch ein wenig die meine.
Ich bin 26 Jahre alt, und es kommt mir vor, als hätte mein
Leben, mein wahres Leben, gerade erst begonnen. Bis zu
meinem 16. Lebensjahr war meine Kindheit die reinste
Hölle. Ganz langsam und unter großen Anstrengungen
ist es mir gelungen, aus dem Abgrund aufzusteigen.
Jetzt möchte ich nur noch an unser zukünftiges Glück
denken. Wir sind eine glückliche Familie, William, mein
Mann, David und ich. Ich werde alles tun, daß es auch so
bleibt. Ich hoffe, daß wir noch mehr Kinder bekommen
werden. Ich werde sie zu schützen wissen. Das Grauen
liegt jetzt weit hinter mir, auch wenn ich immer noch das
Bedürfnis habe, darüber zu sprechen, weil Haß und
Abscheu mir immer noch das Herz zuschnüren.«

Um ihre Geschichte verständlich zu machen, greift Sabine weit zurück.

»Ich habe in meinem Umfeld nachgeforscht, habe meine Mutter mit Fragen über ihre Vergangenheit und die meines Vaters gelöchert. Ich habe daraus geschlossen, daß der Inzest in meinem Fall kein Zufall war. Als wäre es mir bei meiner Geburt und schon davor so bestimmt gewesen. Eine Verkettung von Gegebenheiten hat einen familiären Zerfall bewirkt, im Zuge dessen alles möglich war. Der Inzest ist die schlimmste Form der Gewalt, die mein Vater mir und meiner Schwester angetan hat. Aber er hat uns auch noch auf andere Art gebrochen, so wie meine Mutter und meine Brüder.«

Sabine beginnt mit ihrer Erzählung. Minutiös und präzise. Ihr Gedächtnis scheint deutlich wie eine Fotografie. Sie erzählt ohne Pause.

»Annette, meine Mutter, und Martine, meine Tante, waren vier und sechs Jahre alt, als ihre Mutter sie vor der Tür eines kirchlichen Pensionats in Limoges zurückließ. Bis dahin hatte mein Großvater sich um sie gekümmert. Aber es war 39/40, und es war Krieg. Er gehörte der Résistance an und war gerade von der Gestapo verhaftet worden. Nachdem er fort war, zweifellos exekutiert, wollte meine Großmutter, von der man mir erzählt hat, sie habe einen lockeren Lebenswandel gehabt, sich nicht mit den Kindern belasten.

Das Pensionat nahm meine Tante und meine Mutter auf, die fortan wie Waisen aufwuchsen. Glücklicherweise brachte ihnen Schwester Jeanne, die Mutter Oberin, sehr viel Liebe entgegen.

Meine Tante war sehr ernsthaft, meine Mutter eher rebellisch. Als sie volljährig wurden, verließen sie das

Pensionat und bezogen gemeinsam eine kleine Wohnung. Martine arbeitete hart, um Buchhalterin zu werden. Meine Mutter ging lieber aus und amüsierte sich. Sie lernte Paul kennen, der mein Vater werden würde. Er war 18 und leistete gerade seinen Militärdienst. Liebe auf den ersten Blick! Zumindest glaubten sie das . . . sie hatten beide ein solches Bedürfnis nach einer Familie.

Mein Vater stammte aus Dünkirchen. Nach der Scheidung seiner Eltern hatte er in verschiedenen Pflegefamilien gelebt. Mit 14 arbeitete er bereits auf einem Bauernhof. Er war ein unruhiger Geist. Sobald wie möglich trat er in die Armee ein. Ziel: Limoges.

Als sie Paul kennenlernte, spürte meine Tante seine Labilität und warnte meine Mutter.

Auch Schwester Jeanne zeigte sich besorgt, als sie erfuhr, daß Paul und Annette beschlossen hatten, zusammenzuziehen. Sie fand sie zu jung, zu unreif. Aber meine Mutter und mein Vater heirateten und zogen in ein kleines Dorf im Norden, Fourmies, wo mein Vater eine Anstellung als Totengräber fand.

Einige Monate später kam Julien, mein ältester Bruder, auf die Welt. Kein Jahr später folgte Sophie. Aber es lief nicht mehr so, wie es sollte. Mein Vater ließ sich kaum noch zu Hause blicken. Er zog es vor, in Kneipen herumzuhängen und sein Gehalt mit seinen Kumpels zu versaufen. Für meine Mutter war die Enttäuschung groß. Zumal sie ihr drittes Kind erwartete: mich. Sie ernährte die Familie, so gut es ging, erledigte den Haushalt, kümmerte sich um alles. Als ich auf die Welt kam, war die Ehe meiner Eltern nur noch ein Scherbenhaufen.

Julien half Mama, so gut er konnte. Sehr früh schon übernahm er Pflichten und Verantwortung eines Erwachsenen.

Mein Vater schlief häufig außer Haus. Wenn er heim kam, weckte er mit seinem betrunkenen Gebrüll das ganze Haus. Oft ließ er seine schlechte Laune an uns, den Kindern, aus. Mama ging dazwischen und nahm die Schläge auf sich. Das Gesicht voller Blutergüsse, traute sie sich tagelang nicht aus dem Haus. Die ganze Familie lebte in Angst. Und doch brachte meine Mutter noch ein weiteres Kind zur Welt: meinen kleinen Bruder Raphael. Auch er sollte ein Opfer meines Vaters werden.

Einige Zeit bat meine Mutter, ob aus Scham oder Stolz, weder Schwester Jeanne noch Martine um Hilfe. Unsere Tante beendete ihre Studien, bekam ihre Diplome und heiratete einen Mann, mit dem sie zwei Kinder bekam. Sie lebt heute noch in einer hübschen Villa in der Nähe von Limoges. Sie ist glücklich mit ihrer Familie.

Eines Tages hielt meine Mutter es nicht mehr aus. Sie alarmierte Schwester Jeanne, die in einer Gemeinde bei Dax lebte. Schwester Jeanne nahm kein Blatt vor den Mund und sagte:

›Verlaß deinen Mann und reich die Scheidung ein. Komm mit den Kindern zu uns, wir schaffen das schon irgendwie.‹

Mama gehorchte. Wir zogen in ein Haus gegenüber dem Kloster. Es war das Paradies. Aber wir Kinder begriffen nicht. Unser Vater hatte uns nur gequält, und doch verlangten wir nach ihm . . .

Eines Abends klingelte es an der Tür. Ich frage mich noch heute, wie unser Leben verlaufen wäre, wenn er uns nicht gefunden hätte.

Er wollte herein, reden. Er versprach, sich zu ändern. Schwester Jeanne war zum Abendessen bei uns. Sie warnte Mama vor Papas schönen Versprechungen. Aber wir Kinder weinten und schrien:

›Wir wollen Papa sehen! Wir wollen ihn sehen!‹

Mama gab nach. Sie fiel ihrem Mann in die Arme, der ihr seine Liebe schwor. Er hatte gerade unter, wie ich glaube fragwürdigen Umständen seinen Job verloren.

Wir lebten also wieder alle zusammen. Szenen und Gewaltausbrüche ließen nicht lange auf sich warten. Mein Vater fand Arbeit als Maurer. Er trank immer mehr. Mutters Gesundheit war angeschlagen: Venenentzündungen, Lungenembolie. Sie konnte uns nicht mehr vor Vaters Schlägen schützen. Oft mußten wir uns unter den Tischen verstecken oder auf die Straße flüchten, um diesem Wahnsinn zu entkommen.

Zeitweise ging alles gut. Beispielsweise als mein Vater mir das Radfahren beibrachte. Und als Schwester Jeanne uns in ein Ferienlager in Accous in den Pyrenäen mitnahm. Frische Luft. Dort konnten wir endlich richtige Kinder sein. Auch tröstete mich die enge Verbundenheit mit meinem Bruder Julien sehr. Wir zogen in die Nähe einer Mietskasernensiedlung. Dort gab es viele Kinder. Ich entdeckte den Fußball! Auch das brachte mir ein wenig Glück.

An manchen Abenden schleppte mein Vater Julien und mich mit in die Kneipe. Ein merkwürdiger Zeitvertreib für Kinder! Aber ich beklagte mich nicht, weil das für mich seltene Gelegenheiten waren, die Welt kennenzulernen. Meine Schwester und mein kleiner Bruder hatten weniger Glück: Da mein Vater sie als nicht präsentabel betrachtete, ließ er sie zu Hause. Er verheimlichte sogar ihre Existenz vor seinen Kneipenfreunden.

Eines Tages, an einem Spätnachmittag im Sommer, machte mein Vater den Vorschlag, mit uns auf den Jahrmarkt von Dax zu gehen. Wir legten die zwei Kilometer fröhlich zu Fuß zurück. Wir hielten uns an den Händen wie eine glückliche Familie. Wir waren hübsch angezogen. In der Ferne war Musik zu hören. Es war das erste Mal, daß wir auf ein Fest gingen. Ich muß damals 13 gewesen sein.

Wir konnten nicht Karussell fahren, da unsere Eltern kein Geld hatten, aber das war egal, wir waren glücklich. Trotzdem fragte ich mich immer wieder, ob mein Vater uns nicht stehenlassen würde, um mit seinen Freunden einen trinken zu gehen, ob er nicht einen Vorwand finden würde, nach Hause zu gehen und uns den Spaß zu verderben. Nein, er trank reichlich, blieb aber bei uns.

Wir bummelten lange zwischen den Buden umher. Wir sahen uns ein Fahrradrennen an. Wir waren alle sportbegeistert. Vor allem mein Vater, der früher Gewichtheber gewesen und entsprechend muskulös war.

Irgendwann im Laufe des Abends stand ich etwas abseits von den anderen. Mein Vater kam zu mir und sagte, er würde mich nach Hause bringen. Ich fragte mich, was ich falsch gemacht hatte. Aber er schimpfte nicht. Er verlangte lediglich von mir, ich solle meiner Mutter sagen, ich sei müde. Wozu diese Lüge? Ich verstand es nicht, aber ich kannte seine Launenhaftigkeit und wußte, daß es besser war zu gehorchen. Mama war ebenfalls überrascht. Sie war sein autoritäres Verhalten jedoch gewohnt und ließ uns vorgehen.

Auf dem Heimweg sprachen wir kein Wort. Ich war enttäuscht, den Jahrmarkt verlassen zu müssen. Und vor allem hatte ich große Angst. Mein Vater war so schrecklich betrunken. Als wir zu Hause eintrafen, sagte er nur:

›Warte auf mich, ehe du raufgehst.‹

Ich zog die Schuhe aus und schlüpfte in meine Pantoffeln. Jetzt hatte ich richtig Angst. Ich stieg in den ersten Stock hinauf, gefolgt von meinem Vater.

›Nicht in dein Zimmer, in meins!‹ befahl er.

Das Herz schlug mir bis zum Hals. Ich war sicher, daß er mich schlagen würde, aber warum mußten wir dazu in sein Zimmer?

›Geh auf die andere Seite vom Bett und leg dich hin! Hör auf zu zittern. Wir werden uns nur unterhalten‹, versicherte er mir, als er sich neben mir ausstreckte.

Er legte sich also zu mir und fing tatsächlich an zu reden. Er erklärte mir, auf welche Weise ein Mann eine Frau streichle, was eine Frau mit dem Geschlecht eines Mannes zu tun habe. Ich lag wie erstarrt auf dem Bett, die Hände feucht vor Nervosität. Ich hörte ihm nicht mehr zu. Ich sagte mir immer wieder: ›Mama, Mama, komm schnell heim! Was machst du denn so lange. Beeil dich. Komm schnell!‹ Als hätte er meine Gedanken erraten, sagte mein Vater:

›Sprich ja nicht mit deiner Mutter über unsere Unterhaltung, sonst . . .‹

Er hielt mir drohend die Faust vor das Gesicht.

Ein Geräusch an der Haustür. Die ganze Familie war zurück. Puh! Ich atmete auf. Mein Vater murmelte:

›Wir werden diese Unterhaltung fortführen. Lauf und leg dich schlafen. Und sei leise!‹

Meine Mutter kam zu mir.

›Alles in Ordnung?‹

Ich beruhigte sie, fragte mich aber, ob ich ihr oder sonst jemandem alles erzählen oder den Vorfall für mich behalten sollte. Ich machte die ganze Nacht kein Auge zu. Ich hatte sogar Angst, nach unten auf die Toilette zu gehen. Und so waren am Morgen meine Laken naß, und ein durchdringender Gestank hing in der Luft. Ich schämte mich und fühlte mich elend.

Mein Vater war zur Arbeit gegangen, so daß ich nicht zu fürchten brauchte, daß er mich ausschimpfte, aber meine Mutter machte sich Sorgen.

›Bist du sicher, daß alles in Ordnung ist mit dir?‹

Mehrere Tage lang versuchte mein Vater nicht, mit mir allein zu sein. Aber wir machten dennoch eine schwere Zeit durch. Mein Vater bekam nur noch sporadisch Aufträge. Wenn er nicht arbeitete, ging er schon am frühen Nachmittag in den Park, um Boule zu spielen. Dort traf er sich mit seinen Kumpels und kam nicht einmal zum Abendessen nach Hause. In dieser Zeit hatten wir unsere Ruhe. Mama buk Pfannkuchen, viele Pfannkuchen, die wir mit Schokoladenflocken bestreute. Oder aber sie kochte uns einen Riesentopf Gemüsesuppe. Köstlich.

Aber unsere Freude war immer überschattet von dem Wissen, daß, wenn Papa nach Hause kam, er betrunken sein und Mama und uns schlagen würde. In diesen Situationen versuchte Mama immer, ihn zum Essen zu bewegen, um ihn nüchtern zu machen. Er quittierte ihre Bemühungen mit Beschimpfungen, und schon war der Krach da.

Ich haßte ihn. Und doch, als er beschloß, uns das Angeln beizubringen, gelang es mir als einziger, einen Fisch zu fangen, und sein Stolz freute mich. Mir war nicht entgangen, daß er sich die meiste Zeit für uns schämte. Und es stimmte – wir Kinder machten bestimmt nicht viel her. Auch hatten wir alle große Schwierigkeiten in der Schule.

Ich begleitete meinen Vater an die Bäche, auch bei Regen, und das machte mir großen Spaß. Ich brachte

Mama frischen Fisch, den wir dann am Abend aßen. Es schien, als ginge es daheim friedlicher zu, seit ich meinen Vater zum Angeln begleitete.

Ich durfte einer Mädchenfußballmannschaft beitreten, was zur Folge hatte, daß ich häufig lange Strecken mit dem Bus fuhr. Ich ging zum Training und kam spät nach Hause, aber mein Vater schimpfte nicht. Ich durfte sogar auf Partys bei Freunden und Freundinnen gehen. Er kaufte mir ein Mofa. Ich fing an zu glauben, er sei im Grunde doch nicht so hassenswert. Vielleicht hatte er in den vergangenen Jahren nur eine schwere Zeit durchgemacht . . .

Eines Abends fuhr ich von einer Geburtstagsfeier nach Hause. Es war schon nach sieben und bereits dunkel. Einige hundert Meter von daheim entfernt tauchte plötzlich mein Vater im Scheinwerferlicht meines Mofas auf. Er fuhr auf einem Motorrad. Er gab mir ein Zeichen anzuhalten.

›Fahr mir nach. Deine Mutter weiß Bescheid, daß ich dir entgegenfahre.‹

Bestimmt würden wir in seine Stammkneipe fahren. Ich hatte nichts dagegen. Er würde mir eine Grenadine spendieren, und ich würde neue Leute kennenlernen.

Aber nach langem Palaver mit seinen Kumpels rief er Mama an, und ich hörte ihn sagen:

›Die Kleine hat an ihrem Mofa einen Platten. Ich muß den Reifen flicken. Wir kommen etwas später.‹

Ich war so beunruhigt, daß ich mein Glas nicht mehr anrührte.

Kurz darauf verließen wir die Bar. Aber wir fuhren nicht heimwärts. Eine andere Kneipe? Nach zehn am Abend war in den Vierteln, die wir durchquerten, nicht mehr viel los.

Vor einem Hotel in einem Vorort von Dax machten wir halt. Mein Vater fischte einen Schlüssel aus seiner Hosentasche und sperrte die Eingangstür auf.

›Du hältst den Mund und folgst mir!‹ befahl er.

Er war sehr nervös. Das erkannte ich an seinem Gesicht.

Auf dem langen Flur, den er mich entlangführte, fing ich an zu weinen.

›Ich will nach Hause! Ich will zu Mama!‹

›Die siehst du später noch.‹

Er schubste mich eine Treppe hinauf. Wir betraten ein Zimmer, zu dem er den Schlüssel besaß. Ich weinte immer noch. Ich mußte dringend aufs Klo.

›Erinnerst du dich an unsere Unterhaltung vor einiger Zeit? Also, es ist ganz normal, daß ein Vater so mit seiner Tochter spricht, weißt du. Jetzt ist der Augenblick gekommen, von der Theorie zur Praxis überzugehen.‹

Er fing an, mich zu streicheln.

›Nein! Laß mich!‹ schrie ich.

Er zeigte mir seine Faust und brüllte:

›Hör auf zu schreien! Und tu, was ich sage!‹

Ich weinte um so mehr. Er versetzte mir eine schallende Ohrfeige, die meinem Schluchzen ein abruptes Ende machte. Er packte mich unsanft am Arm, warf mich auf das Bett und zog mir die Hose aus. Dann zog er seine aus.

In diesem Moment begriff ich, was passieren würde. Wie konnte der Hotelier sich zum Komplizen einer solchen Tat machen? Ich wollte weg, fliehen, aber mein Vater hätte mich rasch eingeholt. Außerdem hatte er doppelt abgesperrt.

Er legte mich auf das Bett, holte sein Geschlecht heraus und versuchte, es in meins einzuführen, in mein

Kindergeschlecht. Ich drehte den Kopf auf die Seite und schloß die Augen. Fragen überstürzten sich in meinem Kopf. ›Ist das wirklich normal? Warum weiß dann Mama nichts davon?‹

Plötzlich fühlte ich einen schrecklichen Schmerz. Ich brüllte. Mein Vater hielt mir den Mund zu und blickte hastig von rechts nach links, wie um sicherzugehen, daß niemand kam.

›Tu das nie wieder, hast du verstanden!‹

Er ließ die Hand auf meinem Mund liegen, während er seinen Penis in mir bewegte. Mit der anderen Hand drückte er einen meiner Arme so fest, daß ich glaubte, er würde brechen. Dann hörte er endlich mit einem tiefen Seufzer auf und säuberte sich mit einem Handtuch.

Ich weinte immer noch.

›Jetzt ist es aber genug‹, fuhr er mich an. ›Es ist vorbei. Steh auf. Wir fahren nach Hause. Und denk dran: wenn du auch nur ein Wort davon erzählst, prügle ich dich und deine Mutter windelweich.‹

Vor unserer Haustür, bevor wir reingingen, hielt er mir noch einmal wortlos die Faust unter die Nase. Ich wußte, was das bedeutete.

Mama hatte sich große Sorgen gemacht, weil wir so lange weg gewesen waren. Als sie sah, daß ich geweint hatte, fragte sie, was los sei. Mein Vater antwortete für mich.

›Sie hat Angst gehabt, ganz allein im Dunkeln am Straßenrand. Was für ein Glück, daß ich zufällig vorbeigefahren bin. Wäre ich nicht gewesen, würde sie jetzt noch da stehen.‹

Ich brachte beim Essen keinen Bissen herunter, ich wollte nur eins: meine Kleider ausziehen und mich waschen.

138

Als ich auf die Toilette ging, brannte es so entsetzlich, daß ich mir die Faust in den Mund schob, um nicht zu schreien.

Als ich im Bett lag, hatte ich Angst, daß mein Vater hereinkommen würde. Ich war inzwischen überzeugt davon, daß mir etwas Abnormales widerfahren war. Warum mir? Warum hatte mein Vater das getan? Ich liebte Mama zu sehr, um ihr davon zu erzählen.

Ich stand wieder auf, zog meinen Schlafanzug aus und betrachtete mich im Spiegel. Nur ein kleines Mädchen ohne jegliche Rundungen. Mein Vater schnarchte im Nebenzimmer. Ich öffnete das Fenster. Ich wollte springen. Mir weh tun. So weh, daß er mich nicht wieder würde anfassen können. Nie wieder. Ich wollte schreien. Aber ich weinte nur leise vor mich hin.

Von diesem Tag an paßte ich im Unterricht überhaupt nicht mehr auf. Ich versuchte, meine Angst vor meiner Mutter zu verbergen. Ich begleitete meinen Vater sogar weiterhin zum Angeln. Das gab ihm eines Tages an einer abgeschiedenen Stelle die Gelegenheit, seine perverse Tat zu wiederholen.

Ich war angewidert. Ich kapselte mich noch mehr von der Welt ab, von der Schule, meiner Familie. Ich sprach nicht mehr mit meinem Bruder Julien. Was hätte ich ihm sagen sollen? Ihm von diesem Grauen erzählen? Unmöglich.

Eines Abends nach dem Fußballtraining sah ich meinen Vater auf seinem Motorrad heranfahren. Ich wußte, was passieren würde. Inzwischen verstand ich sofort. Meiner Mutter würde er erzählen, er sei gekommen, um sich mit dem Trainer zu unterhalten. Ich verfluchte ihn. Er war nicht mehr mein Vater.

Ich liebte Fußball, und doch beschloß ich, es aufzugeben. Kein Angeln mehr, kein Sport, nichts. Ich fing an, in der Schule zu rauchen. Ich machte blau, um mich mit Freunden herumzutreiben. Ich lernte auch andere Zigaretten kennen: Joints.

Ich weiß nicht, wie ich in diesem Jahr die Versetzung in die fünfte Klasse schaffte. Ich war so verzweifelt. Ich tröstete mich mit Malen. Ich stellte ein dickes Album mit Walt-Disney-Figuren zusammen, und wenn es mir schlechtging, zeichnete ich sie ab.

Mein Vater ging immer noch abends aus. Julien beschimpfte Mama oft. Er hatte Angst! Er konnte – ebenso wie ich – nicht verstehen, daß Mama immer noch nach draußen ging, um unseren Vater zu begrüßen, wenn sie ihn in der Garage hörte. Wie konnte sie ihn noch immer lieben?

Eines Nachts kam mein Vater in mein Zimmer. Sophie schlief im Nebenzimmer. Er bedeutete mir mit Handzeichen, still zu sein und ihm zu folgen. Ich konnte es nicht fassen. Er würde es doch wohl nicht hier im Haus machen, wo meine Mutter und meine Schwester ganz in der Nähe waren!

Mein Vater schubste mich die Treppe hinunter ins Erdgeschoß. Ich wußte, daß einige Stufen knarrten. Ich trat sie bewußt besonders fest auf. Mein Vater merkte es und bestrafte mich mit einem brutalen Faustschlag in den Rücken.

Im Eßzimmer breitete er die Sofadecke auf dem Boden aus und legte ein Handtuch daneben. Er hatte also alles im voraus geplant! Ich mußte ständig an Mama denken. Wenn sie doch nur herunterkäme, um auf die Toilette zu gehen oder sich etwas zu trinken zu holen . . . Aber ich hoffte vergeblich. Und mein Vater tat es wieder. Ich empfand noch größere Angst und Scham, weil wir zu Hause waren.

Ich versuchte wieder, Lärm zu machen, indem ich gegen einen Stuhl stieß. Mein Vater durchschaute mich sofort. Er versetzte mir eine Ohrfeige, die mich zu Boden schleuderte. Ich weinte. Mein Geschlecht war so verkrampft, daß mein Vater sich umsonst abmühte. Da hob er eine Hand an den Mund und spuckte auf seine Finger. Anschließend verteilte er den Speichel auf seinem Glied und meiner Vagina und bekam, was er wollte. Mir war speiübel.

Mal versuchte ich mit aller Kraft, die Hände flach auf seiner Brust, ihn wegzuschieben. Dann wieder gab ich auf, lag reglos da, wie tot. Welches Vergnügen konnte ihm der Akt mit mir schon bereiten?

Als alles vorbei war, lief ich auf die Toilette. Diesmal brannte es noch schlimmer als bei den anderen Malen. Ich durfte nicht gleich zurück ins Bett, weil mein Vater mir befahl, ihm etwas zu essen zu machen. Ich handelte wie ein Roboter, ich existierte nicht mehr. Ich würde wieder schlecht schlafen. Und doch würde ich morgen früh aufstehen und zur Schule gehen müssen. Und die Woche war noch nicht vorbei . . . Vielleicht würde mein Vater schon in der nächsten Nacht wieder über mich herfallen. Ich glaubte, den Verstand zu verlieren.

Eines Nachts kam Mama herunter, während mein Vater mich wieder einmal im Wohnzimmer vergewaltigte. Ich hatte jedesmal so darauf gehofft, ihre Schritte auf der Treppe zu hören. Als es aber tatsächlich so war, hoffte ich von ganzem Herzen, daß sie uns nicht überraschte. Die Tür zum Wohnzimmer blieb geschlossen. Ahnte meine Mutter bereits, was sich dahinter abspielte? Aber soweit dachte ich gar nicht. Ich wollte sie nur schützen.

Als ich ihr mein Zeugnis zeigte, warf sie mir vor, mich in der Schule nicht genug anzustrengen. Was sollte ich sagen? ›Mama, es fällt mir schwer, mich zu konzentrieren, weil dein Mann mich zwei- bis sechsmal die Woche vergewaltigt?‹

Dreist schimpfte mein Vater mich aus. Ganz selbstverständlich.

Eines Abends brachte er einen seiner Kumpel mit nach Hause, Bernard, ein 31jähriger Finanzbeamter. Er war süß, groß und einfach. Vor ihm spielte Papa den guten Vater. Ich war froh, wenn Bernard zu uns kam, dann ging es bei uns etwas fröhlicher zu. Manchmal gingen wir zu viert aus: mein Vater, Bernard, Julien und ich. Bernard ging bald auf Distanz. Er hatte nur noch Augen für Julien. Er lud ihn zu sich ein, was meinen Vater verbitterte, ihn eifersüchtig und wütend machte.

Julien war fast 17. Angesichts der väterlichen Szenen schwor er zu verschwinden, sobald er volljährig sei. Meine Mutter flehte ihn an zu bleiben. Mein Vater und er sprachen kaum noch ein Wort miteinander. Julien übernachtete oft bei Bernard. Die Stimmung zu Hause wurde immer unerträglicher.

In einer Nacht machte ich wie in so vielen Nächten davor kein Auge zu. Mein Vater war noch nicht nach Hause gekommen. In was für einem Zustand er sein würde! Ich kannte die Anzeichen bereits. Wenn es einige Zeit dauerte, bis er den Motor seiner Maschine abstellte, bedeutete das, daß er viel getrunken hatte und mich vergewaltigen würde. Sonst standen meine Chancen eins zu zehn, daß er mich in Ruhe ließ und ich ein paar Stunden schlafen konnte.

Da war er! Er stellte den Motor schnell ab. Ich hatte trotzdem Angst, weil er wahnsinnig viel Zeit brauchte, um die Treppe heraufzukommen. Dann kam er. Ich kniff die Augen zu. Ich wartete angespannt. Ich betete zu Gott, daß mein Vater nur an eins dachte: sich schlafen zu legen.

Vorsichtshalber tat ich, als würde ich schlafen. Ich schnarchte sogar! Dann erreichte er den oberen Treppenabsatz ... Ich betete immer noch inbrünstig. Er näherte sich meinem Zimmer. Ich atmete kaum noch. Ich schnarchte nicht mehr, wollte einfach nicht denken. Eine Tür wurde geöffnet. Nicht meine. Ich schlug die Augen auf. Ich lauschte. Mein Vater war in Sophies Zimmer.

›O nein, das ist doch nicht möglich. Nicht auch noch Sophie‹, dachte ich entsetzt.

Ich hörte, wie sie nach unten gingen. Ich hatte entsetzliche Angst, war aber entschlossen, ebenfalls nach unten zu gehen, auf die Toilette. Immerhin war es doch ganz normal, auf die Toilette zu müssen. Ich mußte immer auf die Toilette, wenn mein Vater mir angst machte.

Unten in der Küche brannte kein Licht. Ich wagte nicht, ins Wohnzimmer zu gehen. Und doch wußte ich, daß mein Vater und Sophie dort waren. Ich brachte einfach nicht den Mut auf ...

Eine halbe Stunde, nachdem ich nach oben zurückgegangen war, hörte ich im Bad Wasser laufen, Türen, die geöffnet und wieder geschlossen wurden und schließlich Sophies Weinen. Ich wollte sie trösten, ihr sagen, daß sie nicht die einzige sei, die so etwas durchmachen mußte. Schließlich beschloß ich jedoch, sie in Ruhe zu lassen. Wieder Feigheit? Ich sollte mir mein Verhalten noch oft vorwerfen.

In den folgenden Nächten fragte ich mich immer, auf wen die Wahl fallen würde: auf Sophie oder auf mich. Wir erfuhren es erst im letzten Augenblick. Es war wie russisches Roulette. Manchmal flehte ich Gott an: ›Mach, daß er nach nebenan geht!‹ Kam mein Vater aber zu mir, sagte ich mir: ›Es ist besser so. Wenigstens wird er heute nacht Sophie nicht quälen. Das ist nur normal, beim letzten Mal war sie dran.‹

Jede Nacht hatte ich Alpträume.

In ein paar Tagen würde ich 15 werden.

Mama hatte wieder eine Venenentzündung. Sie mußte eine Woche im Krankenhaus bleiben. Eine kurze Woche Frieden für sie. Vor ihrem Aufbruch bat sie Julien, etwas mehr Zeit zu Hause zu verbringen und Streitigkeiten mit Papa zu vermeiden.

Gleich am ersten Abend kam mein Vater betrunken nach Hause, als wir gerade mit dem Essen fertig waren. Er beschimpfte Julien. Alle weinten, außer meinem Bruder, der ihm die Stirn bot und ihm sagte, er solle schlafen gehen.

›Geht selbst schlafen, alle!‹ brüllte mein Vater. ›Außer dir, Sabine. Du machst mir etwas zu essen!‹

Julien mischte sich ein,

›Nein, Sabine geht schlafen. Ich werde dir etwas zu essen machen.‹

Mein Vater explodierte.

›Ich habe hier das Sagen! Verstanden?‹ Er schlug mit der Faust gegen die Eßzimmertür. Es gab ein lautes Krachen. Er hatte das Holz durchschlagen! Daraufhin verschwanden wir alle auf unsere Zimmer bis auf Julien, der anfing zu kochen.

Jeden Tag nach dem Unterricht besuchten wir Mama

im Krankenhaus. Wir versicherten ihr, daß alles in Ordnung sei. Und dabei kam mein Vater mich jede Nacht holen und zwang mich, im Bett meiner Mutter mit ihm zu schlafen. Inzwischen begnügte er sich nicht mehr damit, mich zu vergewaltigen. Er zwang mich zu allerlei abscheulichen Schweinereien. Mehrmals glaubte ich, ohnmächtig zu werden vor Schmerz und Ekel. Ich mußte aussehen wie eine lebende Tote.

In diesem Monat blieb meine Regel aus. Ich versuchte, so gut es ging, mich zu beruhigen. ›Vielleicht ist das ja ganz normal. Ganz bestimmt bekomme ich meine Tage nächsten Monat wieder.‹

Zwei Monate verstrichen. Nichts. Ich war gezwungen, Mama davon zu erzählen. Verlegen stellte sie mir Fragen:

›Gehst du mit einem Jungen? Habt ihr miteinander geschlafen? Hast du . . .‹

Und plötzlich ging mir ein Licht auf: möglicherweise war ich schwanger von meinem eigenen Vater! Ich war nur dürftig aufgeklärt, aber ich wußte, daß er keine Verhütungsmittel benutzte. Er zog sich nur kurz vor dem Samenerguß zurück. Mein Kopf! Mein Kopf tat schrecklich weh.

Wir suchten einen Arzt auf, der eine Blutabnahme anordnete. Zwei Tage später gingen Mama und ich wieder hin, um die Testergebnisse abzuholen. Mama öffnete den Umschlag nicht gleich. Wir saßen beide auf dem Sofa im Wohnzimmer. Ich nahm ihr den Brief aus den Händen. Ich wollte es noch vor ihr wissen. ›Positiv‹, las ich. Ich begriff, was das bedeutete. Erschüttert rief ich:

›Nein, das stimmt nicht, Mama. Sie haben sich geirrt!‹

Kalte Schweißausbrüche ... Mein Herz raste. Ich wagte nicht, meiner Mutter in die Augen zu sehen. Auch sie war wie gelähmt.

Es war fast 18 Uhr. Mein Vater würde bald nach Hause kommen.

Da kam er. Das war mein Ende. Ich zitterte am ganzen Leib.

Mama wurde hochrot im Gesicht. Entschlossenen Schrittes ging sie ihm entgegen.

›Deine Tochter ist in der sechsten Woche schwanger. Das Testergebnis war positiv.‹

›Ja? Und?‹

›Ist das alles, was du dazu zu sagen hast? Ich weiß sehr wohl, daß sie keinen Freund hat. Also hatte sie auch keinen Geschlechtsverkehr mit einem Jungen.‹

Mein Vater zeigte immer noch keine Reaktion. Er sah Mama an. Ich konnte sie vom Wohnzimmer aus sehen und hören.

›Ich habe so meinen Verdacht, was dich betrifft, Paul‹, sagte sie.

Ich war völlig verblüfft, daß sie es wagte, ihren Mann zur Rede zu stellen. Er würde sie umbringen, da war ich ganz sicher! Und sie, wie hatte sie es erraten?

›Du schenkst einer 15jährigen Göre eher Glauben als deinem Mann?‹ fragte mein Vater. ›Begreifst du denn nicht, daß sie lügt? Ich habe Sabine doch nicht angerührt!‹

Mama kam zu mir zurück. Ich flehte sie an:

›Es muß weggemacht werden ...‹

›Ja, ich weiß. Wir werden uns darum kümmern.‹

Sie schloß mich in die Arme. Es tat gut, sich geliebt zu fühlen, aber ich zitterte immer noch, ich hatte Angst vor ihrem Blick, nachdem sie alles wußte. Ich fühlte mich schuldig.

Am nächsten Morgen erkundigte Mama sich wegen einer Abtreibung: ein völlig neues Wort für mich. Sie schien ganz aufgeregt und bat mich, mit niemandem darüber zu sprechen, wozu ich ohnehin nicht die geringste Lust hatte.

Zwei Tage später fuhren wir mit dem Bus nach Mont-de-Marsan.

In einem großen Gebäude füllte Mama Formulare aus. Die Dame am Empfang starrte mich die ganze Zeit an. Ich wollte im Erdboden versinken. Mama erklärte mir, daß ein Schwangerschaftsabbruch möglich sei. Ich war so glücklich wie nie zuvor. Aber bis zu meiner Einweisung in die Klinik müßte ich noch eine Woche warten. Sieben Tage, in denen ich dieses . . . Ding in mir behalten sollte . . . das abscheuliche Ding, das mein Vater in mich gepflanzt hatte.

In der Schule ertrug ich die Blicke der anderen nicht.

Als mein Vater am Abend von der Arbeit kam, war er wütend, und sein Zorn richtete sich gegen mich. Als ich die Treppe hinaufging, hörte ich ihn sagen, daß er mich mit seinem Gürtel verprügeln würde. Ich geriet in Panik. Ich öffnete das Fenster. Ich hatte Angst davor zu springen, aber noch größere Angst hatte ich vor meinem Vater. Egal, ich tat es. Über das Fallrohr der Regenrinne gelangte ich nach unten.

Das erste Mal, daß ich ausriß. Eine Nachbarin hatte mich gesehen und überredete mich, nach Hause zurückzugehen.

›Ich weiß, daß es in deiner Familie Probleme gibt, aber auf diese Art wirst du sie nicht lösen. Es wird sich alles wieder einrenken. Lauf nicht weg!‹

Warum habe ich den Mund gehalten? Die Nachbarin

brachte mich zurück. In ihrem Beisein schimpfte Mama ein wenig mit mir. Papa sagte kein Wort.

Am nächsten Morgen hatte ich Unterleibsschmerzen. Auf der Toilette entdeckte ich riesige violette Blutklumpen in meiner Unterhose. Ich lief schreiend und mit gespreizten Beinen ins Wohnzimmer. Weitere warme Klumpen fielen aus mir heraus.

Mama setzte mich auf ein Handtuch, ging dann zum Telefon und rief Bernard an, damit er mich ins Krankenhaus brachte. Ich wollte sterben. Ich wollte Schluß machen. Im Wagen registrierte ich, daß Bernard mich im Rückspiegel beobachtete. Ich war sicher, daß er alles wußte.

Im Krankenhaus brachte man mich in einem Zimmer mit einem Haufen elektronischer Geräte unter. Mama durfte nicht bleiben. Sie küßte mich überall, wieder und wieder. Die Trennung fiel uns beiden sehr schwer. Ich weinte viel.

Die ganze Nacht verursachte mir das Gerät, das man in meine Vagina eingeführt hatte, Schmerzen. Aber noch mehr litt ich unter der ganzen Situation. Ich hatte das Kind meines Vaters unter dem Herzen getragen. Das war widerlich, unerträglich! Was würden die Leute von mir denken? Was würde geschehen, nachdem ich die Klinik wieder verlassen hatte? Ich wandte mich wieder an den lieben Gott:

›Warum hast du mir das angetan? Warum ich? Ich hatte gehofft, du würdest mir helfen. Ich habe dich so darum gebeten! Ich habe doch nichts Schlimmes getan. Glaube ich zumindest . . .‹

Ich versuchte, mich zu beruhigen, denn je mehr ich mich aufregte, desto schlimmer wurden die Schmerzen. Ich fand keinen Schlaf. Ich konnte es kaum erwarten, daß die Krankenschwestern das Gerät wieder entfernten.

Am Morgen fragte mich eine von ihnen, ob alles in Ordnung sei. Ich bombardierte sie mit vernichtenden Blicken. Sie sollte mir besser verraten, wann ich aus dem Krankenhaus entlassen werden würde.

Ich wartete auf Mama. Aber sie kam nicht. Keiner aus meiner Familie besuchte mich. Jedenfalls kann ich mich nicht daran erinnern. Ob die Ärzte ihnen verboten hatten, mich zu besuchen? Ich hoffte, daß das die Erklärung für ihr Wegbleiben war.

Zwei Tage vergingen. Ganz allein in meinem Zimmer litt ich unbeschreibliche Qualen und dachte viel nach.

In den Wochen nach meiner Rückkehr nach Hause versuchte ich mehrfach, mir mit Tabletten das Leben zu nehmen. Jedesmal überlebte ich. Ich mußte also trotz allem am Leben hängen. An meinem verpfuschten Leben!

Das Gymnasium hatte genug von mir. Man verwies mich an ein LEP (Lycée d'enseignement professionel). Ich wußte, daß die Klassen dort aus Chaoten bestanden. Julien war bereits dort, aber bei ihm war es anders. Hätten wir Geld gehabt, hätte er studieren können. Er wäre durchaus dazu in der Lage gewesen. Er tröstete sich damit, daß er bald einen Job haben, Geld verdienen und Mama finanziell unterstützen würde. Er hat den Fachbereich ›Büroangestellter‹ gewählt. Im nächsten Jahr würde ich die gleiche Fachrichtung wählen.

Derweil herrschte zwischen Julien und meinem Vater Krieg. Mama versuchte zu schlichten, aber eines Tages kam es endgültig zum Bruch. Mein Bruder verließ das Haus und sagte, er würde uns nur besuchen, wenn *er* nicht da sei. Mama weinte.

Es war Frühling, und das Leben war trist. Wir fuhren schon lange nicht mehr in Schwester Jeannes Ferienlager. Sophie erzählte mir, daß Schwester Jeanne uns mehrmals besucht habe und enttäuscht gewesen sei, mich nicht anzutreffen. Vor ihr behauptete Mama immer, es wäre alles in bester Ordnung. Und dabei war ihr Gesicht von ihrem Leben gezeichnet, gealtert. Ich verstand sie nicht. Für Schwester Jeanne war Mama so etwas wie eine Tochter, und für mich war die alte Dame beinahe so etwas wie eine Großmutter. Hätte ich ihre Adresse gehabt, ich hätte ihr geschrieben. Aber Mama behauptete, sie habe die Anschrift nicht.

Papa ließ mich nach der Fehlgeburt einige Zeit in Frieden, dann nahm er seine nächtlichen Besuche wieder auf. Ich schlief sehr wenig. Mama bemerkte meine Erschöpfung. Sie fragte mich, was los sei, schien meinen Vater jedoch nicht mehr in Verdacht zu haben. Ich hoffte, sie würde eingreifen. Mein Gott! Worauf wartete sie denn?

Ich war 16 °. In der Schule lief es denkbar schlecht. Ich mochte meine Lehrer und die neuen Fächer wie Buchhaltung, aber ich war einfach unfähig, mich zu konzentrieren. Ich ging oft wegen heftiger Kopfschmerzen auf die Krankenstation. Die Krankenschwester, Madame Belin, erkannte, daß ich Probleme hatte, und stellte mir mit besorgt gerunzelter Stirn Fragen. Ich fand sie so nett, daß ich schließlich den Widerstand aufgab. Leise gestand ich ihr:

›Mein Vater tut ekelhafte Dinge mit mir.‹

Ich brach in Tränen aus. Sie wurde ganz blaß, tröstete mich und versicherte mir, daß das Jugendamt mir helfen würde.

Ich fuhr hoch wie von der Tarantel gestochen:

›Nicht das Jugendamt! Ich habe es Ihnen gesagt, aber niemand sonst darf davon erfahren, sonst bringt mein Vater mich um!‹

›So kann es nicht weitergehen, Sabine. Ich kann als Krankenschwester, aber auch als Frau und Mutter nicht schweigen.‹

Ich lief weg und versteckte mich. Ich hatte eine wichtige Entscheidung zu treffen, soviel stand fest. Nach einer Weile faßte ich einen Entschluß. Also gut, ich würde mit einer Sozialarbeiterin sprechen.

Das Gespräch lief nicht sehr gut. Ich mochte die kleine Frau mit den kurzen roten Haaren nicht, die mir sagte:

›Wenn du von zu Hause weg willst, darfst du nichts vor mir verheimlichen. Du darfst keine Angst vor deinem Vater haben.‹

Das sagte sich so leicht. Sie mußte ja nicht seine Wutausbrüche und seinen Suff ertragen!

Eine richterliche Vorladung landete in unserem Briefkasten. Ich mußte mich bei Madame Furtel melden, Erzieherin in Dax. Verwirrung zu Hause. Mama verstand überhaupt nichts mehr. Ich erklärte ihr, daß ich genug von diesem Leben hätte, ohne konkret auf die sexuellen Handlungen einzugehen, die mein Vater mir aufzwang. Er rief aus:

›Was hat sie denn jetzt schon wieder herumerzählt?‹

Raphael und Sophie sagten mir, daß sie sich auch nicht wohl in ihrer Haut fühlten, aber mit niemandem darüber sprechen würden. Vielleicht war es meiner Schwester ja gelungen, meinem Vater die Stirn zu bieten, so daß er sie nicht mehr nachts vergewaltigte.

Wir bekamen eine weitere Vorladung: Die städtische Polizei forderte mich zu einer Aussage auf.

Mein Vater drohte mir:

›Ich wäre fähig, dich umzubringen, wenn du den Mund aufmachst. Ich rate dir zu sagen, du hättest dich nur interessant machen wollen und alles nur frei erfunden.‹

Am Abend, als er mich aus meinem Zimmer holte, war er brutaler als je zuvor, und das, wozu er mich zwang, überstieg an Perversion meine kühnsten Alpträume. Ich kam um vor Angst.

Er hatte gewonnen. Ich konnte der Polizei einfach nicht die Wahrheit sagen.

Bei der Erzieherin war das anders. Sie war lieb und sanft. Ich erzählte ihr alles, auch von den Drohungen. Sie beruhigte mich.

Kurze Zeit später wurden mein Vater und ich aufs Kommissariat bestellt. Erst mußte ich allein vor den Polizisten aussagen. Wieder verheimlichte ich die sexuellen Handlungen mit meinem Vater. Hinterher wurde er ebenfalls separat vernommen. Dann rief man uns zusammen herein. Der Beamte, der jetzt bei uns war, war offensichtlich ein Kumpel meines Vaters. Sie redeten über Gott und die Welt, über alles, nur nicht über unser Problem. Ich war wie erstarrt.

Ein paar Tage später mußten meine Eltern und ich zu Madame Loter, der Jugendrichterin von Mont-de-Marsan. Ich glaube, meine Mutter und mein Vater hatten Angst.

Als wir das Büro der Richterin betraten, war Madame Furtel, die Erzieherin, bereits dort. Die Richterin sprach sehr langsam und ruhig:

›Mir liegt eine schriftliche Erklärung von Madame

Furtel vor. Monsieur, Sie sind dabei, das Leben ihrer Tochter zu zerstören.‹

Sie musterte meinen Vater, aber der schwieg. Sie fuhr fort:

›Sabine wird sofort aus ihrem Elternhaus entfernt. Sie wird nur noch am Wochenende nach Hause kommen.‹

Ich wußte nicht, was ich davon halten sollte. Ich sollte meine Familie nicht mehr sehen? Ich fing an zu weinen. Mama ebenfalls.

Meine Eltern in einem Wagen und Madame Furtel und ich in einem anderen, fuhren wir zu uns nach Hause. Ich mußte meine Sachen packen. Als ich mein Zimmer betrat, brach ich zusammen. Man nahm mich meiner Familie weg! Wohin würde man mich bringen? Vielleicht hätte ich doch nichts sagen sollen. Ich war am Boden zerstört. Ich wußte nicht, welche Kleider ich einpacken sollte. Ein Geräusch hinter mir. Mein Vater! Ich war allein mit ihm. Das war mein Ende! Zitternd wich ich zurück.

›Bist du stolz auf dich? Glaub ja nicht, daß alles vorbei ist, nur weil sie dich wegbringen. Eines Tages, früher oder später, erwische ich dich.‹

Er ging wieder nach unten.

Weinen. Mama. Sie half mir beim Packen, sah mich an, das Gesicht tränenüberströmt, und drückte mich fest an sich.

›Ich habe dich lieb, Mama.‹

Mehr sagte ich zum Abschied nicht.

Madame Furtel und ich jagten über die Bundesstraße 10. Es war 20 Uhr. Ich dachte an das, was in diesem Moment bei uns zu Hause vorgehen mochte. Sophie hätte bei mir sein können. Ließ mein Vater sie wirklich in Frieden? Ich hätte auch sie erwähnen müssen.

›Du wirst sehen, Monsieur und Madame Desplas, deine Pflegeeltern, sind sehr liebe Menschen‹, versicherte mir die Erzieherin. ›Sie wohnen in Tarnos, nicht weit vom Meer.‹

›Aber ich habe doch eine Familie! Ich will keine andere! Ich will nach Hause!‹

›Du weißt doch, daß das nicht geht. Willst du weiter mit deinem Vater unter einem Dach leben?‹

Sie hatte recht. Außerdem würde ich Mama jedes Wochenende sehen. Das tröstete mich.

›Sie haben drei Kinder und zwei Hunde. Du wirst dich dort wohl fühlen.‹

Ich hatte die Familie Desplas noch nicht einmal gesehen, als ich sie bereits haßte.

Ein großes Haus. Wir betraten es durch die Garage, gingen eine Treppe hinauf. Hunde bellten. Eine Tür wurde geöffnet. Im Eßzimmer waren mehrere Personen. Jugendliche sahen fern, und *sie*, das waren sicher die Eltern. Ich nahm die Szene in wenigen Sekunden in mich auf, dann hielt ich den Blick gesenkt. Ich hörte Madame Furtel sagen:

›Ich habe Ihnen wie abgesprochen Sabine gebracht.‹

Den Rest bekam ich nicht mit. Ich war in Gedanken ganz woanders. Die Kinder sagten guten Abend. Ich antwortete nicht. Auch die Mutter sprach mich an:

›Ich bin Sylvia, und mein Mann heißt Philippe. Unsere Kinder sind William und Irène. Pierre ist Irènes Freund. Marine ist nicht da, sie arbeitet in Hossegor. Und dann lebt noch Billy bei uns, weil er ein paar Probleme hatte. Heute abend ist er bei einem Schulfreund.‹

Das alles war mir völlig gleichgültig.

Madame Furtel zog sich mit Monsieur und Madame Desplas in anderes Zimmer zurück. Eins ihrer Kinder fragte mich, ob ich mich setzen wolle. Ich rührte mich nicht. Als Madame Furtel sich verabschiedete, versprach sie mir, mich im Laufe der Woche zu besuchen. Sie erklärte Madame Desplas, daß ich noch unter großem Streß stünde wegen dem, was ich durchgemacht hätte, und daß sie mich nicht bedrängen solle.

Madame Desplas forderte mich auf, in der Küche Platz zu nehmen, und bot mir Wurst, Pastete und Brot an.

›Iß, was du willst.‹

Sehr bedächtig, den Blick auf meinen Teller geheftet, begann ich zögernd zu essen. Die Jugendlichen waren im Eßzimmer geblieben. Anschließend zeigte Madame Desplas mir das Haus.

›Das ist dein Zimmer. Du teilst es mit Marine. Du kannst dich gleich schlafen legen oder mit mir wieder nach unten gehen.‹

Ich zog es vor, allein im Zimmer zu bleiben. Es war ganz anders als meins. Es war sehr hübsch und mit zwei Betten ausgestattet. Die Möbel waren ganz aus Holz. Auf einem der Betten ausgestreckt, dachte ich sehr intensiv an meine Familie. Sicher hatte mich dort niemand mehr lieb. Ich weinte, wurde wütend. Aber auf wen? Ich weiß es nicht mehr so genau.

Als ich wieder aufwachte, hatte ich das Gefühl, nur sehr wenig geschlafen zu haben. Und doch war es schon spät. Das zweite Bett war benutzt worden. Ich hatte Marine weder kommen noch gehen gehört.

Ich ging nach unten. Alle saßen bereits beim Frühstück und empfingen mich mit einem lautstarken ›Guten Morgen‹. Ich antwortete so leise, daß ich kaum zu verstehen war. Sylvia zählte auf, was ich alles zum Frühstück haben konnte.

Mittags versammelte sich die ganze Familie. Ich hatte noch nie so viele Personen an einem Tisch gesehen. Es gab mehrere Gänge, anders als bei uns. Ich rührte kaum etwas an, wenngleich alles köstlich aussah. Ich dachte an Mama. Ich hatte Tränen in den Augen und wäre am liebsten davongelaufen. Alle redeten von ihrer Arbeit und ihren kleinen Problemchen. Sie machten einen sehr verbundenen Eindruck. Sie versuchten, mich in ihre Unterhaltung miteinzubeziehen, aber ich blieb stur und schwieg.

Nach dem Essen kam Billy auf mich zu und fragte, ob ich Lust hätte, mit ihm an den Strand zu fahren. Es war schön und warm draußen. Wir stapften durch den Sand. Ich erfuhr, daß Billy seit mehreren Jahren bei den Desplas wohnte und an diesem Tag, am Spätnachmittag, seine Pflegefamilie verlassen würde. Ich war sehr enttäuscht: Er war der einzige, bei dem ich das Gefühl hatte, mit ihm kommunizieren zu können. Er tröstete mich.

›Du wirst dich wohl fühlen bei den Desplas. Sie haben mich mit offenen Armen aufgenommen und sind sehr geduldig mit mir gewesen. Das werden sie auch mit dir sein, da bin ich ganz sicher. Sie werden dir viel beibringen. Du wirst bei ihnen aufblühen, du wirst schon sehen.‹

Ich hörte ihm zu, konnte aber nicht anders, als innerlich zu rebellieren. Das war ja alles gut und schön, aber ich hatte schon eine Familie. Sie war ganz anders als diese, ja. Aber es war meine!

In der Schule versuchte ich, die verlorene Zeit aufzuholen. Immerhin ging es mir besser. Bald würde man mir erlauben, einen Tag zu Hause zu verbringen. Madame Furtel teilte mir mit, daß ich am Morgen losfahren und abends wiederkommen würde. Die Richterin hatte es mit meinen Eltern so entschieden.

Am folgenden Sonntag fuhr ich nach Dax, ganz allein, mit dem Zug. Ich war glücklich. Mein Vater zeigte sich etwas kühl, aber das war mir gleich.

Am darauffolgenden Wochenende der zweite Besuch. Mein Vater war mir gegenüber schon etwas gesprächiger. Am Abend erbot er sich sogar, mich mit dem Motorrad zurückzufahren, um das Geld für den Zug zu sparen. Unterwegs fuhr er von der Straße ab und bog in einen Waldweg ein. Er würde es wieder tun! Drohungen, Einschüchterungen . . . Der Alptraum begann von vorn. Mein Vater setzte mich, erstarrt und schockiert, auf einem Parkplatz in der Nähe des Hauses der Desplas ab. Ich versuchte, meine Kleider zu glätten und eine neutrale Miene aufzusetzen, ehe ich das Haus betrat.

Sylvia ließ sich nicht täuschen:

›Ist es bei dir zu Hause schlecht gelaufen? Was ist denn los? Du kannst dich mir ruhig anvertrauen, weißt du.‹

›Nein, alles in Ordnung. Ich gehe rauf in mein Zimmer. Ich habe keinen Hunger.‹

Ich war vier Wochen zuvor hergebracht worden. Ich fühlte mich bei diesen Leuten immer noch so unwohl wie am Anfang. Außerdem hatte sich für mich nichts geändert. Ich hing an meiner Familie, und so besuchte ich sie jeden Sonntag. Mein Vater fand jedesmal eine Gelegenheit, mich zu vergewaltigen. Es war ein Teufelskreis.

Mit viel Geduld schaffte es Sylvia, daß ich mich ihr anvertraute. Wütend auf meinen Vater informierte sie

Madame Furtel, die ihrerseits die Richterin unterrichtete. Fortan war es mir nicht mehr erlaubt, nach Hause zu fahren. Wenn meine Familie mich sehen wollte, mußte sie sich zu den Desplas bemühen.

Einige Tage später erfuhr ich, daß mein Vater verhaftet worden war und vor Gericht gestellt werden würde. Mama und ich wurden vorgeladen.

Im Gerichtssaal brach ich in Tränen aus. Was würde geschehen? Ich hatte entsetzliche Angst. Mein Vater wurde hereingeführt, in Handschellen. Er ließ den Blick durch den Saal schweifen. Er versuchte, uns auszumachen. Plötzlich entdeckte er mich und starrte mir unverwandt in die Augen. In diesem Moment forderte ein Richter Mama und mich auf, nach vorn in die erste Reihe zu kommen. Ich machte einige endlose Schritte unter dem durchdringenden Blick meines Vaters. Er brauchte kein Wort zu sagen; er machte mir auch so genug angst, sogar in Handschellen und in Begleitung eines Polizeibeamten.

›Monsieur Paul Jarnet, gestehen Sie, ihre hier anwesende Tochter Sabine vergewaltigt zu haben?‹

Der Richter zeigte mit dem Finger auf mich. Mein Vater antwortete völlig ruhig und selbstverständlich: ›Ja.‹ Wieder sah er mich an. Ich konnte nicht aufhören zu weinen.

Dann wandte sich der Mann in der schwarzen Robe an mich.

›Mademoiselle Sabine Jarnet, bleiben Sie dabei, daß Ihr hier anwesender Vater sie sexuell mißbraucht hat?‹

Es fiel mir schwer zu antworten. Wenn ich ja sagte, wäre das die Katastrophe. Mein Vater würde mich umbringen.

Der Richter wiederholte seine Frage. ›Ja‹, brachte ich mühsam hervor.

Der Richter begann zu sprechen. Ich verstand nicht viel von seinem Vortrag, registrierte aber ›sechs Monate Haft‹. Dann war es vorbei. Die Sitzung war geschlossen. Mama hatte nicht aussagen müssen und ich auch nicht. Ich weiß nicht, ob ich hätte reden können, aber Mama hätte erklären müssen, was wir alles durchmachen mußten wegen dieses Irren, dieses Alkoholikers, der mein Vater war. Er durfte nicht so milde davonkommen. Ich verließ das Gericht mit Madame Furtel und Sylvia, die meine Aufgewühltheit verstanden und teilten. Aber es war alles gesagt.

Bei den Desplas war gerade ein junges Mädchen eingetroffen, Léa. Vorher hatte sie in einer anderen Pflegefamilie gelebt, in der sie jedoch mißhandelt worden war. Wir verstanden uns gut, sprachen jedoch nicht über die Gründe für unsere Unterbringung bei den Desplas. Mit William, Sylvias ältestem Sohn, bildeten wir bald ein Trio guter Freunde. William war ruhig, sanft, nicht sehr gesprächig, freundlich. Wir lachten, tobten auf unseren Betten herum.

Eines Abends im Mai 1985, nach einem unserer »Scheingefechte«, ging Léa nach unten und ließ William und mich allein. Wir waren ganz außer Atem, sahen uns an. William rückte näher und legte seine Lippen auf meine. Verblüfft erwiderte ich seinen Kuß. Er nahm mich in die Arme und murmelte:

»Von diesem Augenblick habe ich schon lange geträumt. Aber ich habe mich nicht getraut. Das dürfen wir nicht wieder tun. Mama könnte Ärger bekommen. Sie ist für dich verantwortlich.«

Wir warteten auf meinen 18. Geburtstag und wahrten unser Geheimnis, während wir gleichzeitig dafür sorgten, daß wir ab und an allein sein konnten. William half mir, wo er konnte. Wir redeten, und er hörte mir zu, tröstete mich. Ich lernte, ihm zu vertrauen. Zum erstenmal machte ein Mann mir keine angst. Um mit Philippe, Sylvias Mann, reden zu können, hatte ich ein Jahr gebraucht. Die Bindung zwischen William und mir war wohl daraus entstanden, daß er selbst erst 19 war. Ich betrachtete ihn nicht als Erwachsenen. Als er Anfang Juni für drei Wochen zum Bund mußte, fiel die Trennung mir sehr schwer. Ich würde abends nicht mehr mit ihm reden können. Er würde nicht mehr bei mir sein.

Dann fragte Madame Furtel, ob ich Lust hätte, an einer Reise nach Kreta teilzunehmen, die von der DDASS organisiert würde. Die erste Auslandsreise meines Lebens. Wir waren 15 junge Leute und wurden von zwei Erzieherinnen und einem Erzieher begleitet. Sonne, Spiele, Musik. Die Jungen waren zahlreicher als wir Mädchen, aber ich fühlte mich zu einer Geschlechtsgenossin hingezogen, Sylvie. Sie war hübsch und selbstsicher. Ich war melancholisch, sehnte mich nach mütterlicher Zuneigung. Wir freundeten uns bald an, und mir wurde bald bewußt, daß ich ein wenig zu oft an sie dachte. Unsere Betten standen nebeneinander. Eines Abends wollte ich vor dem Einschlafen ihre Hand halten. Sie akzeptierte, ohne sich über mich lustig zu machen. Ich träumte jede Nacht von ihr. Als aber einer der Jungen, die sie umschwärmen, ihr Freund wurde, schlief sie nicht länger im Nebenbett. Ich war sehr eifersüchtig. Dabei wurde auch mir der Hof gemacht. Aber ich wollte niemand anderen küssen als Sylvie.

Obwohl ich mir sagte, daß es nur natürlich sei, daß ich mich nach den Erlebnissen mit meinem Vater weniger zu Männer hingezogen fühlte, war ich sehr durcheinander.

Ich begrüßte William sehr kühl, als er mich am Bahnhof von Bordeaux abholte. Er reagierte besorgt. Ich erzählte ihm alles. Hierauf folgte ein Drama. Er weinte, sagte, daß er mich liebe, und verlangte, daß ich mich zwischen Sylvie und ihm entschied. Zwischen mir und Sylvie war nichts gewesen, aber ich wußte nicht mehr, ob ich in William verliebt war oder nur Freundschaft für ihn empfand.

Ich fühlte mich bei den Desplas immer wohler. Sylvia korrigierte sanft und mit viel Zuneigung mein Benehmen und meine Aussprache. Ihre Töchter brachten mir bei, mich geschmackvoll zu kleiden. Mir wurde bewußt, daß ich früher in einer völlig anderen Welt gelebt hatte. Und doch wandte ich mich nicht von meiner Familie ab. Ich wußte, daß Mama uns erzogen hatte, so gut sie es konnte. Nur mein Vater widerte mich an.

Schritt für Schritt näherte ich mich wieder William an. Alle um uns herum kannten jetzt unsere Gefühle füreinander. Eine seiner Schwestern bot uns die Schlüssel zum Haus ihrer Tante an, die für einige Monate ins Ausland gereist war. Das machte mir angst. Ich wußte, daß es dort zu ersten sexuellen Kontakten kommen würde. William fürchtete sich ebenfalls. Aber wir sehnten uns beide danach, uns richtig zu lieben.

Trotz Williams Zärtlichkeit und Rücksichtnahme funktionierte es nicht. Ich verkrampfte mich, krümmte mich, rückte von ihm ab, als wollte ich vor ihm flüchten. Er tröstete mich, indem er mich sanft in die Arme nahm.

›Das macht doch nichts, Sabine. Du brauchst eben Zeit. Ich werde geduldig sein, keine Sorge. Ich liebe dich zu sehr, um dich aufzugeben. Wir werden es gemeinsam schaffen.‹

Wir kehrten oft in die Villa zurück. Jedesmal endete es in einem Fiasko. Meine Erinnerung an meinen Vater ließ mich einfach nicht los. Ich brach zusammen.

›Vergiß es, William. Andere Mädchen werden dich glücklich machen. Ich werde es niemals können.‹

Aber er gab nicht auf.

›Du mußt lernen zu lieben, vor allem dich selbst. Dann wird der Liebesakt ganz von allein kommen.‹

Als ich ihn das sagen hörte, als ich sah, wie er für mich kämpfte, begann ich, ihn wirklich zu lieben.

Manchmal telefonierte ich mit meiner Mutter. Sie gestand mir, daß sie meinen Vater im Gefängnis besuchte.

›Er hat sich geändert. Du mußt vergessen, die Vergangenheit ruhen lassen‹, riet sie mir.

Man konnte meinen, sie spräche von einem kleinen Streit. Ich fragte mich, warum sie sich noch nicht hatte scheiden lassen. Ihre Haltung machte mich wütend.

Sie erzählte mir, daß meine Schwester Sophie ein kleines Mädchen zur Welt gebracht habe: Nina.

›Du weißt ja, wie sehr sie Kinder liebt. Sie wollte eins, von einem Jungen auf der Durchreise, und jetzt ist die Kleine da.‹

Das entsprach so gar nicht Sophies Charakter. Ich fürchtete mich vor der Wahrheit. Wieder Papa . . . Wie grauenhaft!

Julien hatte einen Job. Nachdem er zu Hause ausgezogen war, hatte er bei der Maisernte geholfen, um Geld zu verdienen. Schon bald hatte man ihm eine feste Anstellung angeboten, einen verantwortlichen Posten.

Raphael war bei den Gärtnerprüfungen durchgefallen und besuchte jetzt eine Malschule. Jedes Wochenende kam er nach Hause. Um Mama, Sophie und Nina zu beschützen, wie ich später erfuhr. Und dabei hatte er selbst so schreckliche Angst vor unserem Vater.

Ich werde nie wissen, was er durchlitt und was ihm ganz plötzlich den Verstand raubte. Ich erfuhr, daß man ihn in einem Sanatorium in Bayonne untergebracht hatte, weil er in seiner Unterkunft die Einrichtung zertrümmert und eine Psychologin angegriffen hatte.

Im zweiten Anlauf schaffte ich die Aufnahmeprüfung an der Informatikschule. Schnell an die Arbeit! Man bot mir ein sechsmonatiges Praktikum an einem Gymnasium in Bayonne an. Ich arbeitete bei der Essenausgabe und hielt die Klassen sauber. Deprimierend! Aber ich verdiente mir meinen Lebensunterhalt und konnte jeden Tag Raphael besuchen gehen.

Mein kleiner Bruder war bis aufs Skelett abgemagert und konnte nur mühsam und schlurfend gehen. Er sagte kein Wort und sah mich an, als wäre ich eine Fremde.

Ich redete mit ihm, wenn ich draußen mit ihm spazieren ging.

›Was du getan hast, war nicht in Ordnung, aber es ist nur normal, daß du explodiert bist. Bis dahin hast du immer alles in dich hineingefressen. Du hast eine zu schwere Bürde getragen, und das über zu viele Jahre. Unser Vater ist an allem schuld. Ich kann sogar verstehen, daß du die Psychologin angegriffen hast. Warum hättest du diese Frau respektieren sollen, wo doch unser Vater Mama nie respektiert hat?‹

Raphael zeigte keine Reaktion. Er bekam haufenweise Medikamente. Er war 20 und lebte inmitten von Greisen. Ich war sicher, daß er sich in diesem Sanatorium nicht wohl fühlte.

Mama besuchte ihn nur hin und wieder. Ich konnte ihn nicht im Stich lassen. Ich wusch seine Wäsche, brachte ihm Bücher, Kuchen, Süßigkeiten. Sylvia und William waren der Ansicht, daß es nicht meine Aufgabe sei, mich so aufopfernd um meinen Bruder zu kümmern, aber sie halfen mir und unterstützten mich, wenn ich traurig war.

Nach und nach besserte sich Raphaels Gesundheitszustand. Er nahm zu und sprach wieder. Undenkbar, ihn zu unseren Eltern zurückzuschicken. Wir wußten nicht, was wir mit ihm anfangen sollten.

Diese Sorgen ließen mir nur wenig Zeit für mich selbst. Und doch festigte sich meine Beziehung zu William, und sogar unsere sexuellen Kontakte besserten sich. Jede Geste, jede Liebkosung von William gab mir mehr Selbstvertrauen.

Eines Tages sprachen wir vom Heiraten. Unglaublich! Und ich hatte geglaubt, daß mich nie ein Mann würde haben wollen. Ich hatte immer noch Alpträume, in denen mein Vater vorkam. Manchmal dachte ich, daß ich nie eine normale Frau sein würde. Aber mit Williams und Sylvias Hilfe überstand ich diese depressiven Phasen.

Ich wollte die große Neuigkeit Madame Furtel mitteilen, der Krankenschwester vom LEP und Schwester Jeanne. Ich wollte, daß alle sich freuten: Ihre Bemühungen um mich waren von Erfolg gekrönt worden. Ich würde ihnen nie genug danken können.

Zusammen mit Sylvia kaufte ich mein Brautkleid. Ganz weiß, aus Satin, mit Blumen und Perlen bestickt. Ich glaubte zu träumen: Sylvia würde meine Schwiegermutter werden. Sie würde die Großmutter meiner Kinder werden. Welch irrsinniges Glück ich hatte.

Aber William und ich entschieden, daß meine Mutter mich zum Altar führen sollte. Ich konnte sie nicht aus meinem Glück und meinem Leben ausschließen. Ich hatte einfach das Bedürfnis, eine liebevolle Beziehung zu ihr zu wahren, trotz ihrer Schwächen, trotz allem, was ich ihr vorzuwerfen hatte. Ich hatte keinen Vater mehr. Auch noch die Mutter zu verlieren, wäre mir unerträglich gewesen.

Und doch zog sich mir das Herz zusammen, als sie sich besorgt äußerte, was die Leute denken würden, wenn mein Vater der Trauung fernbliebe. Mama würde sich eben nie ändern!

Meine Hochzeit war ein sehr glücklicher Augenblick in meinem Leben. Ich schenkte meinen Brautstrauß Schwester Jeanne, die ebenso ergriffen war wie ich. Nach der Messe fiel es mir schwer zu sprechen, mich bei allen zu bedanken, ja sogar zu atmen. Es war alles zu viel, zu schön.

Aber noch hatten wir nicht gewonnen. Nach einem Ehejahr war die Bilanz nicht eben berauschend. Unsere Ehe lief nicht besonders. Ich lehnte Sex häufig ab, und William mußte im Wohnzimmer schlafen, was ihm schwer zu schaffen machte. Aber auch ich tat mich schwer. Ich war tief deprimiert und hatte fünf Kilo abgenommen. Ich weinte viel und vernachlässigte meine Arbeit – ich hatte inzwischen einen Job als Sekretärin gefunden.

Ich war überzeugt, William zu lieben, aber im Intimbereich wäre ich mit Streicheleinheiten vollauf zufrieden gewesen. Wieder fragte ich mich, ob eine homosexuelle Beziehung für mich nicht besser wäre. Manchmal versuchte ich, mich aufzurütteln, und in diesen Momenten sprach ich in Gedanken zu meinem Vater:

›Es wird dir nicht gelingen, mich völlig zu vernichten. Ich werde dir beweisen, daß ich es schaffe. Mein Haß auf dich ist groß genug.‹

Ich ging zum Psychologen, zum Sexualtherapeuten. Aber es war vergebens.

Nur Williams Geduld, sein immenses Verständnis und seine unerschütterliche Liebe hielten unsere Ehe noch aufrecht.

An einem Abend, an dem mein Mann Nachtdienst hatte, versuchte ich, ein für allemal herauszufinden, wer ich wirklich war. Ich hatte von einem Treffpunkt für Homosexuelle in Biarritz gehört. Dort wollte ich hingehen. Ich informierte William, der sofort in Panik geriet.

›Ist das wirklich nötig, um unsere Probleme zu lösen? Das macht mir angst, Sabine!‹

›Mir auch, aber ich muß mir Klarheit über meine wahre Natur verschaffen. Wenn ich fühle, daß ich mich mehr zu Frauen hingezogen fühle als zu Männern, werde ich hinterher klarer sehen. So kann es nicht weitergehen.‹

›Warum gehst du nicht lieber zu einem anderen Psychologen?‹

›Nein! Ich will von Psychologen nichts mehr hören. Ich fühle, daß ich es allein schaffen muß. Ich brauche eine Schocktherapie, um den Knoten zu lösen.‹

William schwieg lange, dann sagte er:

›Dann geh. Ich hoffe nur, daß wir als Sieger daraus hervorgehen.‹

Er hatte Tränen in den Augen. Ich wollte ihn in die Arme nehmen, ihn trösten. Ich wußte, welche Überwindung es ihn kosten mußte, mir seinen Segen zu geben. Er liebte mich genug, das Risiko einzugehen, hinterher eine veränderte Sabine vorzufinden, die nichts mehr von ihm wissen wollte. Ich war überwältigt.

23 Uhr. Ich betrat einen verräucherten Saal. Die Musik war sehr laut. Ich hatte feuchte Hände und hätte am liebsten kehrtgemacht. Man starrte mich an. Ich setzte mich an einen Tisch etwas abseits von der Bar. Um mich herum bildeten sich Frauen- und Männerpaare. Außer mir war niemand allein.

Plötzlich packte mich das unwiderstehliche Bedürfnis zu schreiben. Aber das war nicht der richtige Ort dafür; ich war aus einem anderen Grund gekommen. Doch ich hatte plötzlich das Gefühl, als beträfe mich dieser ›andere Grund‹ nicht. Kein hübsches Mädchen hatte mit mir geflirtet, und ich war nicht enttäuscht.

Die Bedienung brachte mir Papier. Ich versuchte auszudrücken, was ich an diesem Ort empfand. Mein Kugelschreiber flog förmlich über das Papier; ich war inspiriert. Bald wollte ich nur noch eins: weg. Das war kein Ort für mich. Ich dachte sehr intensiv an William. Ich war überzeugt davon, daß wir gewonnen hatten.

Einige Monate später fühlte ich mich bereit für ein Kind. Es war Anfang 1992. Ende des Jahres sollte unser Wunsch sich erfüllen. Als wir gemeinsam feststellten, daß der Schwangerschaftstest positiv war, fing William an zu weinen. Ich für meinen Teil wußte nicht, ob ich lachen oder weinen sollte.

Ein Gynäkologe bestätigte meinen Zustand und erklärte mir, wie die folgenden Monate verlaufen würden. Als ich hinterher in meinen Wagen stieg, dachte ich an meinen Vater und schrie:

›Du kannst mich mal! Ich habe es geschafft!‹

Dann brach ich in Tränen aus. Ich war die glücklichste werdende Mutter, die man sich vorstellen konnte. Anstatt nach Hause zu fahren, fuhr ich zu Williams Büro. Er war draußen, als hätte er gespürt, daß ich kommen würde. Ich hatte auf der ganzen Fahrt geweint. Als ich in den Armen meines Mannes lag, murmelte ich immer noch schluchzend:

›Du wirst Vater! Du wirst Vater!‹

David wurde am 23. Juni 1993 im Entbindungsheim von Bayonne geboren.«

Die Eltern von Sabine sind inzwischen 55 Jahre alt. Sie leben immer noch zusammen in Dax. Ihr Vater hat eine Geliebte, eine Witwe aus Paris, die ihn regelmäßig besucht. Ihre Mutter weiß über diese Beziehung Bescheid. Aber sie hat wieder einmal beschlossen wegzusehen.

»Sie tut mir sehr leid«, sagt Sabine, die sich immer noch überwindet, sie mit dem kleinen David zu besuchen, wenn sie sicher ist, ihren Vater nicht anzutreffen.

Julien hat geheiratet. Er hat eine kleine Tochter und lebt in Paris.

Nachdem Sophie von zu Hause weggeholt wurde und Erzieherinnen ihr geholfen haben, hat sie einen Mann kennengelernt, von dem sie ein Kind bekommen hat, einen kleinen Jungen. Mit ihm zusammen zieht sie ihre beiden Kinder groß. Sie leben in der Nähe von Dax. Vor kurzem hat ihr Mann erfahren, daß Nina ein Inzestkind ist.

Raphael lebt wieder bei seinen Eltern, was Sabine ebenso belastet wie das Bewußtsein, daß Nina eines Tages mit ihrer wahren Herkunft konfrontiert werden wird.

»Es wird nicht leicht werden, aber ich werde meinen Kindern erklären, warum sie ihren Großvater niemals kennenlernen werden«, versichert mir Sabine. »Daß man mich von zu Hause weggeholt hat, war meine Rettung. Das riesige Glück, der Hölle entronnen zu sein, verdanke ich der DDASS, den Erwachsenen, die mir die Hand gereicht haben, und vor allem Sylvia. Aber mir ist auch bewußt, daß meine Familie noch lange wegen meines Vaters zu leiden haben wird.«

Nachwort

»Es war einmal . . .« So beginnt jedes Märchen. Die Geschichte, die ich Ihnen erzählen möchte, wird, hoffe ich, ein positiver Schluß dieses deprimierenden Buches über den Inzest sein. Diese Geschichte ist kein Märchen und auch nicht die Frucht blühender Phantasie. Sie ist aus einer wahren Begebenheit entstanden und hat sich in meinem Herzen entwickelt, das ich unwiderruflich tot glaubte.

Es war einmal . . . ein Mädchen von knapp 20 Jahren. Es hatte keinen Namen mehr und bezeichnete sich selbst als »Anders«. In ihrem Leben lief es nicht sehr gut. Und doch passierte in einem Augenblick, da sie am wenigsten damit rechnete, etwas Unglaubliches: Sie begegnete einem Weisen.

Der Mann war von kleinem Wuchs und hatte einen langen grauen Bart, so daß er ein wenig aussah wie der Weihnachtsmann. Sein tiefgründiger Blick strahlte von der ganzen Güte, Zärtlichkeit und Liebe dieser Welt.

»Anders« fand ihn so schön, daß sie sofort seinem Charme verfiel. Aber wenngleich sie sich am liebsten in seine Arme geworfen hätte, blieb sie wie erstarrt stehen, fasziniert von diesem Mann.

Nach einer Weile trat er auf sie zu. Mit zärtlicher Geste nahm er ihre Hand. Dann, ganz plötzlich, drückte er sie so fest, daß »Anders« ein kalter Schauer über den Rücken lief. Dann breitete sich Wärme in ihrem Herzen aus.

Der Weise hielt den Blick auf ihre Hand gerichtet,

und »Anders« spürte, wie sanft die seine war, trotz der Festigkeit seines Händedrucks. In ihm war nur Harmonie. Er war so rein wie ein stiller See, in dem »Anders« es genossen hätte zu ertrinken. Es war, als wäre sie wieder ganz klein. Als erlebe sie einen magischen Augenblick, einen wunderbaren Traum. Perfekt wie ihr Spiegelbild auf einem ruhigen Meer. Kein Windhauch, der die Wasseroberfläche gekräuselt hätte; und plötzlich hatte das Leiden keinen Platz mehr in ihr.

In diesen kostbaren Minuten hatte der Weise sie ihren Schmerz vergessen gemacht.

Sacht die Stille brechend, murmelte der Weise, den Kopf kaum merklich hebend:

»Wenn du den Haß in dein Herz läßt, wirst du eines Tages seine Gefangene sein.«

»Anders« bin natürlich ich, und ich kann Ihnen versichern, daß an jenem Tag diese wenigen Worte in mir ein Echo freigesetzt haben, den Gebeten gleich, die in der Kirche gesungen werden, zu einem Gott des Lichts und der Schönheit.

Und doch verletzte mich dieser Satz auch. Ich war bis dahin so sicher gewesen, daß es mir bestimmt war, mein Schicksal, mein trauriges Dasein zu beweinen. Und nun, ohne daß ich verstanden hätte, wie oder warum, hatte dieser Mann den bedrückenden Pessimismus erschüttert, der mich beherrscht hatte.

Ich erkannte, daß ich fünf lange Jahre die Gefangene eines Ungeheuers gewesen war, das es nicht verdient hatte zu leben. Ich war weiterhin das Opfer meines Vaters gewesen, seine Gefangene.

Ich wollte den Rat des Weisen befolgen. Ich versuchte, den Haß zu vertreiben, um mein Herz wieder in Besitz zu nehmen.

Die Aufgabe erschien mir anfangs unmöglich. Nicht mehr zu hassen bedeutete zu vergessen, zu vergeben. Und es bedeutete, den Kampf aufzugeben und somit Feigheit. Und Feigheit konnte ich nicht mehr tolerieren. Ich mußte jeden Tag in den Spiegel sehen können, ohne den Blick abwenden zu müssen. Ich mußte mich selbst respektieren, mich selbst lieben, um so etwas wie ein inneres Gleichgewicht zu bewahren. Um zu leben.

Jahrelang war ich Königin der Feigheit gewesen, weil ich Angst gehabt hatte. Es war feige gewesen zu schweigen, diesem Folterknecht, der meine sämtlichen Gedanken, meinen Körper, mein Leben vernichtet hatte, nicht ein Messer in die Brust zu rammen. Die Angst im Bauch, war ich eingesperrt geblieben in einem Gefängnis des Sadismus.

Aber die Angst ist keine Entschuldigung, sie lähmt einen, mehr nicht.

Wie im Märchen hatte der Weise mir den Schlüssel zu einer Tür gegeben, die ich auf immer verschlossen geglaubt hatte. Die Tür zu meinem Herzen. Ich habe den Schlüssel genommen und meinen Haß befreit. Ich habe ihn in meinem Bauch, in meinen Händen und schließlich in meiner Seele aufgenommen. Und ich habe ihn geliebt, aufrichtig.

In diesem Moment habe ich tapfer meine ganze Erinnerung mobilisiert. Ich habe mich ganz darauf konzentriert, um alle Einzelheiten meines Lebens heraufzubeschwören, von den glücklichsten bis hin zu den schmutzigsten. Ich habe mich darauf getrimmt, meinen Vater und alle Männer wie ihn noch tausendmal mehr zu hassen. Ich mußte bis zum Ende gehen. Um neugeboren zu werden.

Aber erst mußte ich den Kampf des Jahrhunderts bestehen. Endlich hatte ich die nötige Motivation. Dieser verfluchte Haß, der mich so gequält hatte, wurde meine Waffe, um auf meine Art den Inzest zu bekämpfen. Eine unschlagbare Waffe. Und somit beherrschte ich das Spiel.

Es hat viel Kraft und viele Tränen gekostet.

Nach und nach akzeptierte ich, daß ich weder beschmutzt noch Opfer noch Schuldige war.

Der Haß ist endlich aus meinem Herzen verschwunden und hat der Liebe Platz gemacht.

Und dort stehe ich heute . . . Ich habe alle jenen, die ihrer bedürfen, wahnsinnig viel Liebe zu geben. Ich verteile hier und da einzelne Dosen, in der Hoffnung, daß ich die Gürtelschläge endgültig vergessen werde, dank Tausender »Ich liebe dich, mein Kleines«, die ich selbst flüstern werde und die man mir sagen wird.

Ich weiß, daß es nicht schon morgen soweit sein wird. Ich werde noch einige Kämpfe bestehen müssen. Ich werde es schaffen. Nichts und niemand wird mich davon abhalten können, weil ich mich nämlich heute, zweifellos dank des alten Weisen, ein klein wenig gern habe.

Diese wiedergefundene Eigenliebe – mein Gott! Welch passende Bezeichnung für die Achtung vor sich selbst* – ist heute meine Stärke in dem tödlichen Duell gegen den Inzest. Und in diesem Duell werde ich die Siegerin sein, das schwöre ich.

Es war einmal ein junges Mädchen, das glaubte, »Anders« zu heißen und dies niemals vergessen wird . . .

---

* Im Frz. »amour – propre«; »propre« bedeutet neben ›eigen‹ auch ›eigentlich, wirklich, sauber‹.

Karin Jäckel (Hrsg.)

Erfahrungen

Monika B.
Ich bin nicht mehr eure Tochter

Die wahre Geschichte eines Mädchens, das jahrelang
in der Familie sexuell mißbraucht wurde.
Erst als ihr Bruder für sie in den Tod ging,
fand sie die innere Kraft, sich zu befreien und
die Vergangenheit aufzuarbeiten.

BASTEI LÜBBE

Band 61335

Karin Jäckel (Hrsg.)
Monika B.
Ich bin nicht mehr
eure Tochter

Monika ist ein echtes Wunschkind. Sie soll die gutbürgerli-
che Familie komplettieren, die scheinbar sicher im sozialen
Gefüge steht. Doch hinter der heilen Fassade spielt sich
Unfaßbares ab. Von Anfang an wird Monikas Leben von der
Angst vor sexuellen Übergriffen bestimmt. Was der Großvater an dem Kleinkind begeht, setzt sich in jahrelangen
Vergewaltigungen durch den Vater und die älteren Brüder
fort.
Die Mutter, in ihrer Kindheit selbst Opfer von Mißbrauch,
trägt zur systematischen Zerstörung ihrer Tochter bei: Sie
ist nicht nur Mitwisserin, sondern verkauft ihre Tochter an
fremde Männer mit perversen Neigungen. Erst der Freitod
ihres jüngeren Bruders Georg, der nicht weiter mitansehen
kann, was mit seiner geliebten Schwester geschieht, ist für
Monika Anstoß, sich aus dieser Hölle zu befreien.

BASTEI LÜBBE

Erfahrungen

Nelly

Ich war seine kleine Prinzessin

Schon immer war Nelly Papas Liebling. Sie vergöttert ihren Vater und liebt ihn von ganzem Herzen. Aber er mißbraucht ihre unschuldige Zuneigung, entfremdet sie ihrer restlichen Umwelt und macht sie schließlich in jeder Hinsicht zu „seiner kleinen Frau".

BASTEI LÜBBE

Band 61355

Nelly

Ich war seine kleine Prinzessin

In einer Kleinstadt in der Provence erlebt Nelly eine glückliche Kindheit. Vor allem zum Vater hat sie eine innige Beziehung. Sie ist sein Liebling, sein Ein und Alles, neben ihr werden die Geschwister bedeutungslos. Nelly wird immer mehr zur Vertrauten des Vaters. Er weiht sie in häusliche Sorgen ein, spricht über Geld- und schließlich auch über seine Eheprobleme. Die intimen Geständnisse des Vaters entfremden die Elfjährige von ihrer Mutterr. Ahnungslos tappt sie in die Fallen, die der Vater ihr stellt. Schließlich ist sie so isoliert von der Familie, daß er alle Grenzen überschreiten und sie sexuell mißbrauchen kann, denn er weiß, daß Nelly schweigen wird.

Mit 17 Jahren hat Nelly ihre Geschichte aufgeschrieben, nachdem sie ihr Schweigen gebrochen und den Vater vor Gericht gebracht hat. Ihr erschütternder Bericht rekonstruiert und analysiert die psychologische Entwicklung aller Beteiligten.

BASTEI LÜBBE

Band 61382

Carla Alexander
Kopfzerbrechen

Carla führt ein Leben, um das sie viele Frauen beneiden: Sie
ist jung, attraktiv und hat als Fernsehredakteurin im Handum-
drehen Karriere gemacht. Doch Carlas Alltag ist die Hölle. In
ihrem Job darf sie nicht die geringste Schwäche zeigen, des-
halb muß sie jeden Tag ihre unerträglichen, hämmernden
Kopfschmerzen mit großen Mengen Schmerztabletten betäu-
ben. Aber das ist noch nicht alles: Jedesmal, wenn sie ihr
Gesicht im Spiegel sieht, steigt lähmendes Entsetzen in ihr
auf, und wenn sie versucht, sich an ihre Vergangenheit zu erinnern, überfallen sie rasende Schmerzen im Hinterkopf.
Dann lernt Carla bei einer Reportage Virna, eine Heilerin kennen. Mit ihrer Hilfe gelingt es Carla schließlich, die Kopfschmerzen als letzte Warnung zu verstehen, ihr Leben von
Grund auf zu ändern und so schließlich die Schmerzen zu
besiegen.

BASTEI
LÜBBE